성경으로 배우는 행복한 기업경영

성경으로 배우는

행복한 기업경영

초판 인쇄 2009년 7월 28일 | **초판 발행** 2009년 7월 31일

지은이 박정윤 | **펴낸이** 이효수 | **펴낸곳** 영남대학교출판부 | **디자인** GukjeAD

출판등록 1975년 9월 5일 경산 제16-1호 | **주소** 경북 경산시 대동 214-1
전화 053) 810-1801~3 | **FAX** 053) 810-4722 | **홈페이지** book.yu.ac.kr

ISBN 978-89-7581-379-5 93320

• 값은 표지 뒷면에 있습니다.
• 잘못 만들어진 책은 바꾸어 드립니다.

성경으로 배우는

행복한 기업경영

박정윤 지음

열린시선

프롤로그

주님이 기뻐하시는 기업경영을 꿈꾸며

성경으로 기업경영을 배울 수는 없을까? 저자가 예수 그리스도를 주님으로 믿고 나서 줄곧 가졌던 질문이다. 이에 대한 의문이 풀린 계기가 두세 차례 있었다.

1994년 무렵 창세기 1장을 읽을 때였다. 하나님의 창조활동에서 하나님은 계획, 실행, 평가를 하시는 경영자라는 사실을 발견할 수 있었다. 하나님께서 "빛이 있으라"고 말씀하신 것은 빛을 만드시겠다는 그분의 의도요 계획이다. 그 계획이 그대로 실행되어 빛이 있었다. 그리고 만드신 빛이 하나님이 보시기에 좋았다는 평가가 있었다. 이것은 바로 '하나님의 경영'이라 할 수 있다.

그 후에 성경을 계속 읽고 묵상하는 가운데 창세기에서 발견한 경영사상은 성경 도처에 편재하고 있다는 사실을 알게 되었다. 그뿐만 아니라 하나님의 형상을 따라 창조된 사람 역시 계획, 실행, 그리고 평가의 경영기능을 수행한다는 것을 알게 되었다. 하나님이 없다고 생각하는 어리석은 사람은 하나님의 계획을 무시하고 스스로 자신의 계획을 세우지만 예수 그리스도를 믿는 사람은 주의 뜻에 기초해서 계획을 세우지 않을 수 없다. 또한 그리스도 안에서 새 사람을 입은 사람은 끊임없이 자신의 계획이 하나님의 뜻에 합당한 것인지를 기도로 묻게 된다. 저자는 이러한 내용을 논문으로 정리하여 발표한 적이 있다.

결국 성경에는 기업경영에 대한 엄청난 지혜와 지식이 가득차 있다는 사실을 깨닫게 되었다.

한국은 1997년 IMF 외환위기를 통해 많은 교훈을 얻었다. 그러나 2008년 미국을 중심으로 발생한 글로벌 금융위기를 극복해 나가기 위해서는 기존의 경영지식만으로는 부족하다. 하나님의 지혜와 지식이 필수적이다. 이것이 이 책을 펴내게 된 이유이다.

이 책은 크게 네 부분으로 구성되어 있다.

I부에서는 영원한 경영의 기초가 될, 말씀에 근거한 경영모형을 제시하고 있다. '성경으로 배우는 기업경영' 의 내용이 무엇인지 개괄적으로 설명하고 '하나님의 경영과 사람의 경영' 이라는 제목으로 '이중적 경영모형' 을 제시하고 있다.

II부에서는 경영자가 수행할 다섯 가지의 기본적 경영과정인 계획, 조직, 충원, 지휘, 그리고 통제를 다루고 있다. 이 다섯 가지 경영자 기능은 모든 경영자가 수행하는 것일 뿐만 아니라 단계별로 이루어지고 있다는 점에서 경영의 과정으로 이해할 수 있다.

III부에서는 경영자가 계획, 조직, 충원, 지휘, 그리고 통제기능을 수행할 때 반복적이고 지속적으로 행하게 되는 의사결정, 의사소통, 그리고 하나님과의 의사소통의 내용을 다룬다.

마지막 IV부에서는 기업경영에서 가장 중요한 투자결정, 자본조달결정, 그리고 배당결정과 관련된 내용을 다루고 있다.

이 책은 개인적으로 읽으면서 공부할 수도 있지만 그룹으로 함께 토론하며 공부할 수 있다. 그룹공부를 위해 매 장의 마지막 부분에 〈정리를 위한 토론문제〉를 제시하고 있다. 특히 개인과 기업을 향한 하나님의 계획을 알고 기업이나 직장 현장에 하나님의 나라가 임하기를 갈망하는 성숙한 그리스도인들에게 그 방향과 지침을 제공할 것이다.

한 송이의 국화꽃을 피우기 위해 봄부터 소쩍새가 울었고 천둥도 먹구름 속에서 울었듯이 이 한 권의 책이 나오기까지도 많은 분들의 도움이 있었다.

무엇보다도 책 속에 소개되고 있는 수많은 학자들의 연구가 도움이 되었다. 특히 2005년 여름 캐나다 벤쿠버 리젠트 대학Regent College에서 방선기 목사님과 함께 스티븐스 교수를 처음 만났을 때 스티븐스 교수가 『일상의 신학Everyday Christianity』을 선물로 주셨는데 그 은혜에 깊이 감사를 드리고 싶다. 이 책은 저자가 성경적 관점에서 연구하는데 크게 도움이 되었다.

성경적 경영에 대해 함께 연구하고 토론할 수 있었던 한국로고스경영학회 회원들에게도 고마운 마음을 전하고 싶다. 하나님께서 때에 맞게 귀한 학회를 창립하게 하시고 성경과 경영학을 통합적으로 연구할 수 있는 환경을 만들어주신 것이 얼마나 감사한지 말로 다 할 수 없다.

또 2008년 여름 부산 동서대학교에서 개최된 전국교수선교대회에서 "부르심에 응답하시는 하나님"의 제목으로 특강을 하시고 강의 원고를 기꺼이 제공해 주신 신용한 한국기독실업인연합회 회장님에게도 감사의 말씀을 드리고 싶다.

그리고 저자와 함께 초고를 읽고 수정을 도와준, 영남대학교 대학원에 재학 중인 손성훈 군, 정구상 군, 이동진 군, 그리고 이희원 양에게도 일일이 고마운 마음을 전하고 싶다.

마지막으로 편집과 출판을 맡아서 수고해 주신 출판부 최동주 부장님과 이종백 선생님에게도 감사를 드리고 싶다.

이제는 교회 울타리를 벗어나, 한국의 모든 기업과 직장에 하나님의 나라와 의가 임하여 기쁨과 행복이 넘치는 날이 속히 이루어지길 꿈꾸는 모든 독자들에게 영혼이 잘됨같이 범사가 잘되고 강건하기를 간절히 기도한다.

2009년 7월 저자

목 차

I

영원한 경영의 기초

"여호와의 계획은 영원히 서고 그의 생각은 대대에 이르리로다"시편 33:11.

But the plans of the LORD stand firm forever, the purposes of his heart through all generations.

01

왜 성경으로 기업경영을 배워야 하는가?

"오, 하나님의 지혜와 지식의 부유함은 참으로 깊습니다! 하나님의 판단은 헤아릴 수 없으며, 그분의 길은 아무도 찾을 수가 없습니다." 로마서 11:33.

Oh, the depth of the riches of the wisdom and knowledge of God! How unsearchable his judgments, and his paths beyond tracing out!

현대인이 일상생활에서 가장 많이 사용하는 용어 가운데 하나는 '경영' 또는 '관리' 일 것이다. 어떤 학자들은 경영을 관리와 구분해서 사용하기도 하지만 경영을 관리와 같은 의미로 사용하기도 한다.

두 경영학자로부터 경영의 의미를 살펴보자. 먼저, 월터 라이트Walter Wright는 경영을 이렇게 정의하고 있다.❶ "경영은 한 조직, 기업, 교회 또는 자발적 집단의 내부에서 특수한 과제들에 초점을 맞추고 있는 한 지도자와 여러 추종자들 간의 관계이다."

또 앨빈 브라운Alvin Brown은 경영을 아주 단순하게 계획, 실행, 평가의 세 과정으로 정의하고 있다. 이 경영개념은 경영의 대상에 따라 가계경영, 기업경영, 국가경영 등으로 아주 폭넓게 사용되고 있다.

기업경영의 중요성과 기업의 기능

오늘날의 사회에서는 기업의 중요성이 매우 강조되고 있다. 미국의 러더포드 헤이스Rutherford Hayes대통령은 당시 정부를 일컬어 "더 이상 국민의, 국민에 의한, 국민을 위한 정부가 아니라 기업의, 기업에 의한, 기업의 정부"라고 언급한 바 있다.[2]

기업이란 무엇인가? 우선 기업이 무엇인지 이해하기 위해 단어의 어근을 살펴볼 필요가 있다.[3] 기업의 역사 속에서 배울 수 있는 흥미로운 사실은 12세기 때 이탈리아의 피렌체와 내륙도시에서 공동책임을 지는 가족기업 형태의 콤파니아compagnia에 대한 것이다. 콤파니아는 두 개의 라틴어인, '함께'의 의미를 가진 'cum'과 '나누다'의 뜻을 가진 'panis'의 합성어이다. 따라서 콤파니아라는 가족기업은 '함께 빵을 나누어 먹기', 혹은 '빵을 나눠먹는 집단'이라는 의미를 담고 있다. 이런 의미에서 기업은 구성원의 먹는 문제를 해결해 주는 공동체라 할 수 있다.

기업의 역할과 기능을 보면 기업의 중요성을 다시 확인할 수 있다. 기업은 적어도 네 가지의 중요한 기능을 수행한다.

첫째, 기업은 우리가 매일 타고 다니는 자동차, 입고 다니는 옷, 그리고 읽는 책과 같은 재화나 여러 가지 형태의 서비스를 사회에 제공하고 있다.

둘째, 기업은 일하기를 원하는 사람들에게 일자리를 제공하여 그들에게 소득 획득의 기회를 준다. 또 기업의 종업원들은 기업에서 하는 일을 통해 자아실현의 기회를 갖기도 한다.

셋째, 기업은 이익을 창출하여 법인세를 납부함으로써 정부 세입의 중요한 원천을 제공한다. 이익이 아니라 손실을 초래하는 기업은 국가경영에 필요한 재정수입에 기여할 수 없다.

넷째, 기업은 기업 가치를 극대화하여 국가의 부를 창출하는 수단이 된다. 국제적 경쟁력을 갖춘 기업이 많은 국가는 국가의 부가 증대되어 국제사회에 영향력을 행사할 수 있다.

기존 기업경영의 문제점 I

그런데 기존의 기업경영을 다루는 경영학에는 문제점과 한계가 있음이 드러났다. 무엇보다도 윤리경영이 제대로 되지 않아 1997년에는 IMF 경제위기를 맞게 되었다. 이 당시 많은 기업과 금융기관이 도산하였고 이로 인해 구조조정과정에서 수많은 사람들이 실직을 하였다. 국가부도위기에 직면한 정부는 IMF 국제기구로부터 550억 불의 긴급 구조금융을 요청하게 되었고 3년간 IMF로부터 관리를 받게 되었다.

이 당시 부도기업 가운데 하나인 한보철강을 살펴보면 기업경영의 문제를 단적으로 파악할 수 있다. 한보철강은 1996년 6월 말 현재 자기자본 2,243억 원에 지나지 않았으나 타인자본은 4조 2,461억 원으로 부채비율(타인자본/자기자본)이 거의 2,000%나 되었다. 당시 한보철강의 정태수 회장은 뇌물수수를 통한 정경유착으로 담보제공 없이도 금융기관으로부터 천문학적인 돈을 빌릴 수 있었다. 이것은 기업경영자, 정치인, 그리고 금융기관의 도덕적 해이의 극치라 할 수 있다.

왜 도덕적 해이로 인한 IMF 경제위기가 발생하였는가? 성경적 관점으로 보면 한마디로 하나님이 없는 경영을 하였기 때문이라고 할 수 있다. 다시 말하면 성경이 가르쳐주는 원리대로 경영하지 않고 인간의 욕심을 따라 기업을 경영하였기 때문이다.

IMF 경제위기의 해석

IMF 경제위기는 한국 백성을 향한 하나님의 채찍으로 볼 수 있다. 신명기 28장의 말씀을 보면 이해가 될 것이다.

"네가 네 하나님 여호와의 말씀을 삼가 듣고 내가 오늘 네게 명령하는 그의 모든 명령을 지켜 행하면 네 하나님 여호와께서 너를 세계 모든 민족 위에 뛰어나게 하실 것이라" 신명기 28:1.

"여호와께서 너를 위하여 하늘의 아름다운 보고를 여시사 네 땅에 때를 따라 비를 내리시고 네 손으로 하는 모든 일에 복을 주시리니 네가 많은 민족에게 꾸어줄지라도 너는 꾸지 아니할 것이요" 신명기 28:12.

이 말씀을 영어 성경인 NIV 버전으로 보면 다음과 같다.

"The LORD will open the heavens, the storehouse of his bounty, to send rain on your land in season and to bless all the work of your hands. *You will lend to many nations but will borrow from none.*"

이 말씀을 잘 읽어보면 이스라엘이 하나님의 말씀을 순종하게 되면 여러 가지 복을 받아 이방 국가에 돈을 빌려주는 채권국이 될 것이라고 하나님께서 약속하고 있다. 그러나 다음 말씀을 읽어보면 하나님께서 이스라엘 백성들이 하나님의 말씀을 거역해서 살면 정반대의 현상이 일어나게 될 것이라고 경고하고 있다.

"네가 만일 네 하나님 여호와의 말씀을 순종하지 아니하여 내가 오늘 네게 명령하는 그의 모든 명령과 규례를 지켜 행하지 아니하면 이 모든 저주가 네게 임하며 네게 이를 것이니" 신명기 28:15.

"그는 네게 꾸어줄지라도 너는 그에게 꾸어주지 못하리니 그는 머리가 되고 너는 꼬리가 될 것이라" 신명기 28:44.

이 말씀도 뜻을 더욱 분명히 이해하기 위해 NIV 버전으로도 읽어 보자.

"*He will lend to you, but you will not lend to him*. He will be the head, but you will be the tail."

이스라엘 백성이 하나님의 말씀에 순종하지 않으면 여러 가지의 저주가 임하게 되는데 그 중의 하나는 이방국가가 이스라엘에게 돈을 빌려주는 처지가 된다는 것이다. 이 말씀이 이스라엘에게만 적용되는가? 결코 그렇지 않다. 한국을 비롯한 모든 국가에 다 적용되는 말씀으로 이해해야 한다.

IMF 경제위기가 발생하기 전 수년간 한국의 순채무액 (총외채 - 대외자산) 추이를 살펴보면 매년 가파르게 증가하고 있었다는 것을 알 수 있다. 1993년에 한국의 순채무액은 79억 불에 지나지 않았으나 1997년도에는 555억 불로 급증하였다.❹ 여호와 하나님은 한국 백성을 향해 계속 경종을 울렸지만 자기 배만을 위해 살았던 정치가나 경영자는 그 소리를 들을 수 없었던 것이다.

우리는 이제 하나님께로 돌아가 그분의 말씀에 귀를 기울여야 한다. 그렇지 않으면 지금과 같은 글로벌 경제위기를 반복적으로 당할 수 있다.

글로벌 금융위기와 경제위기의 원인 |

지금까지 수많은 나라가 금융위기에 빠진 경험이 있을 것이다.[5] 그러나 어떤 금융위기도 21세기의 첫 10년 동안 일어난, 서브프라임 모기지신용이 낮은 개인을 대상으로 한 주택담보대출 사태만큼 심각하지 않았다. 그리고 그 영향이 이렇게까지 광범위하게 퍼지지도 않았다. 마치 해저지진으로 일어난 거대한 쓰나미와 같이 서브프라임 금융공황은 막대한 피해를 발생시키며 아직까지 위세를 떨치고 있다. 이미 세계 최고의 경제대국 미국의 주요 금융기관들은 괴멸에 가까운 피해를 입었다.

여기에서 끝나지 않았다. 이번 위기는 일본과 독일, 영국, 프랑스, 그리고 중동 산유국 등 첨단 정보기술로 연결된 전 세계의 경제까지 뒤흔들고 있다. 이로 인하여 세계 경제는 2008년 말부터는 급격한 경제 하강국면을 맞고 있다.

그런데 도대체 서브프라임 모기지 사태의 원인은 무엇일까? 이 위기의 원인에 대해서 무수한 의견들이 제시되었다. 이를 제대로 분석하려면 우수한 과학자가 많이 동원되어야 할 것이다. 그러나 금융전문가 중에서 에릭 젠센Eric Jensen은 다음과 같이 설명했다.[6]

"2000년대 초반 IT 거품이 꺼진 뒤 수년 동안 새로운 광풍의 싹이 보였다. 자신의 집을 넓히면 사회적인 조화와 경제성장을 꾀할 수 있다는 것이 미국의 오랜 신념인데, 이 신념을 토대로 새로운 열풍, 즉 주택구입 열풍이 불기 시작한 것이다. 미국연준의 금리인하유도정책과 신용파생상품, 채무의 증권화debt securitization 같은 낯선 금융상품을 활용함으로써 자금을 조달한 미국부동산의 마케팅 세일즈는 돈을 빌릴 사람을 찾아 확대되었다. 그리고 무모하게도 가난한 사람과 상환능력이 부족한 사람에게까지 대출을 해주는 상황이 벌어졌다."

이번 위기의 치명적인 문제는 무엇이었을까?[7] 주택에 대한 수요가 증가하자 주택가격이 계속 상승하게 되었다. 그러자 서브프라임 모기지를 이용하려는 사람 중 신용도가 비교적 높은 사람의 비율이 줄어들게 되었다. 신용도가 낮은 사람에게 대출이 확대되고 주택가격이 하락하자 결국 채무자의 채무불이행이 표면화되기 시작했다. 그리고 당시 대형 은행과 증권회사들은 서브프라임 모기지를 담보로 묶어 증권화한 이색적인 금융상품들을 자산으로 상당액 보유하고 있었다. 결과적으로 수십억 달러 규모의 손실이 발생한 것이다. 이로 인해 월 스트리트는 1929년 대공황 이래 최대의 몰락을 겪게 되었다.

그러나 서브프라임 문제의 배후에는 보다 근본적인 원인이 숨어 있다.[8] 그것은 인간의 탐욕과 부정직, 그리고 과다한 신용의 사용이라고 할 수 있다. 소득이 부족한 사람은 서브프라임 모기지를 신청하지 말아야 하는데 주택담보대출업계에서는 대출신청자의 소득액을 불리거나 허위신청하는 일이 급증하였다. 또한 한국과 달리 미국은 주택구입가격의 10% 내지 15%만 있으면 신용을 이용하여 주택을 구입할 수 있다는 것도 서브프라임 모기지 사태를 가져온 원인 중 하나다.

이집트는 7년 경제적 불황을 어떻게 극복했는가?

창세기에는 7년 불황을 겪은 기사가 소개되어 있다. 하나님께서 이집트의 왕인 바로에게 앞으로 될 일을 꿈으로 보여주셨지만 이 꿈을 제대로 해석하는 사람이 없었다. 이때 요셉이 바로 왕에게 그 꿈을 다음과 같이 해석해 준다.

"이집트의 온 땅에는 칠 년 동안 큰 풍년이 들 것입니다. 그러나 그 칠 년이 지나면 칠 년 동안 가뭄이 들 것입니다. 모든 이집트 땅에 언제 풍년이 든 적이 있었나 싶을 만큼 큰 가뭄이 들 것입니다. 가뭄이 온 땅을 뒤덮을 것입니다. 심지어 백성들이 풍년이란 것이 무엇인지를 기억할 수 없을 만큼 가뭄이 심해질 것입니다."

지금 우리는 과거의 호황을 기억하지 못할 만큼 극심한 글로벌 경제위기를 당하고 있다. 농업이 중심일 때는 풍년과 흉년이 번갈아 일어나지만 지금처럼 지식정보시대에는 호황과 불황이 반복해서 일어나게 된다. 그리고 기술의 변화속도가 빨라짐에 따라 생산제품의 수명이 단축되어 경기순환도 더 빨라질 것이 예상된다.

이집트의 흉년을 어떻게 극복하였는가를 살펴봄으로써 오늘의 경제위기를 극복하는 지혜를 배울 수 있을 것이다. 요셉은 하나님께서 이 일을 정하신 것을 알고 미래에 닥쳐올 흉년을 극복하는 방법을 왕에게 제안하였다.

"그러니 바로께서는 매우 지혜롭고 현명한 사람을 뽑으셔서 그 사람에게 이집트 땅을 맡기십시오. 그리고 모든 이집트 땅에 관리들을 세우셔서, 풍년이 드는 동안 이집트 땅에서 나는 식물의 오분의 일을 거두어들이십시오. 그 관리들은 앞으로 있을 풍년 기간 동안 생산될 모든 식물을 거두어들여야 합니다. 그들은 왕의 권위에 힘입어 곡물을 성마다 쌓아 두고 지켜야 합니다. 나중을 위해 그 식물을 저장해 두어야 합니다. 그 식물은 이집트 땅에 닥쳐올 칠 년 동안의 가뭄 때 써야 할 것입니다. 그렇게 하면 칠 년 동안 가뭄이 들어도 이집트 백성은 죽지 않을 것입니다" 창세기 41:33-36.

기업경영을 성경으로 배워야 하는 이유

이것이 바로 우리가 성경에 주목해야 하는 이유다. 성경에는 불황을 극복하는 지혜가 기록되어 있다. 기독경영연구원 원장인 한정화 교수는 최근에 한 일간지와의 인터뷰에서 이렇게 말한 적이 있다.[9]

"위기상황일수록 기업들은 기본으로 돌아가야 합니다. 여기서 기본은 성경적 원리입니다."

그는 현재와 같은 경제적 위기 상황에서 취할 수 있는 최선의 전략을 'Back to Basic' (기본으로 돌아가자)으로 요약했다. 이어 그는 여기서의 Basic은 다름 아닌 Bible이라고 부연설명을 했다. 또한 한 교수는 기본적 경영원리의 근원은 결국 성경이라고 말하면서 이렇게 말하고 있다.

"우리가 알고 있는 기본적 경영원리의 근원을 찾아가면 결국 성경에까지 이릅니다. 너도 나도 도입하는 '서번트 리더십' 만 해도 성경의 주제인 섬김과 배려입니다. 경영의 핵심이랄 수 있는 인간존중도 창조주 하나님의 본성인 사랑에서 비롯된 것입니다."

영남대학교를 중심으로 인터넷으로 강의하고 있는 '성경으로 배우는 기업경영' 은 기존의 기업경영과는 어떤 차이가 있는가? 한마디로 기존의 기업경영은 기업경영에 하나님의 존재를 인정하지 않고 있다. 그러나 '성경으로 배우는 기업경영' 은 그 목적이 기업경영에 하나님의 존재를 인정하여 성경적 경영원리에 기초하여 기업을 경영하도록 하는 데 있다. 다시 말하면 '성경으로 배우는 기업경영' 은 성경적 세계관에 기초하여 기업경영을 하는 것이 특징이다. 따라서 이 책에서는 성경적 세계관에서 제시하는 창조-타락-구속의 기본적인 틀을 활용하여 기업경영을 학습하고 이해하고자 한다.

우리를 향하신 하나님의 계획 |

우리는 우연히 세상에 던져진 존재가 아니다. 태초에 하나님께서 하늘과 땅을 창조하시고 나서 우리가 쾌적한 환경에서 살 수 있도록 6일 동안 모든 것을 아름답게 지으셨다. 그리고 여섯째 날에는 사람을 하나님의 이미지대로 창조하신 후에 우리에게 복을 주시며 이렇게 말씀하셨다.

"자녀를 많이 낳고 번성하여 땅을 채워라. 땅을 정복하여라. 바다의 물고기와 하늘의 새와 땅 위에 움직이는 모든 생물을 다스려라" 창세기 1:28.

또한 하나님께서 사람들에게 먹을 것과 마실 물을 충분히 공급하셨다. 또 하나님께서는 아담 혼자서 사는 것이 좋지 않은 것을 아시고 그에게 그를 도울 짝, 하와를 만들어 주셨다. 인간은 하나님과 늘 교제하면서 그야말로 행복하게 살고 있었다.

그런데 인간이 사탄의 유혹을 받아 그 꼬임에 빠져 하나님의 말씀을 거역하면서 불행이 시작되었다. 그러나 인간을 향한 하나님의 계획은 계속 진행되었다. 하나님께서는 하나님과 인간의 교제를 막는 것이 죄라는 것을 인식하시고 마지막으로 그의 아들 예수 그리스도를 십자가에 달리게 하셔서 우리의 죗값을 대신 치르게 하셨다. 그리스도께서 그렇게 하신 것은 하나님께서 아브라함에게 약속하신 복, 즉 가문의 복, 재물의 복, 그리고 행복 등이 이방인들에게도 미치게 하기 위한 것이다. 하나님께서 아브라함에게 약속하신 이 모든 복은 예수 그리스도를 통해 온다.[10]

예수 그리스도의 멍에를 메고 경영을 배우자

누구든지 예수 그리스도를 그 마음에 믿고 영접하는 자는 다시 하나님 아버지와 사랑의 교제를 나눌 수 있다. 그리스도는 하나님 아버지께서 자신에게 모든 것을 주셨다면서 무거운 짐을 지고 지친 사람은 모두 자신에게 오도록 초청하셨다. 사업 문제로 인해 고달프게 살아가고 있는 모든 사람에게 안식을 약속하시면서 이렇게 말씀하셨다.

"나는 마음이 온유하고 겸손하니, 나의 멍에를 메고 내게 배워라. 그러면 너희 영혼이 쉼을 얻을 것이다. 나의 멍에는 쉽고 나의 짐은

가볍다” 마태복음 11:29-30.

오늘날 기업경영에 대해 강의하고 가르치는 사람은 매우 많다. 또 탁월한 경영기법을 다루고 있는 책도 많다. 그러나 예수 그리스도의 경영원리와, 기존의 경영개념이나 이론을 통합한 책은 거의 없다.

우리가 아무리 이익을 많이 내는 기업경영을 하고 있더라도 우리를 향한 하나님의 계획을 무시한 채로 경영을 한다면 우리는 인생을 허비하고 있는 셈이 된다. 따라서 예수 그리스도를 주님으로 모시고 그에게서 경영을 배우고 실천할 때 경영인으로서 우리의 삶이 행복하게 된다.

하나님의 경영을 배우고 가르친 예수님

왜 우리는 예수 그리스도로부터 기업경영을 배워야 하는가? 그 이유는, 예수 그리스도께서 당신은 참 포도나무이고 우리는 가지라고 비유하셨기 때문이다. 우리가 그토록 원하는 열매를 맺기 위해서는 무엇보다도 그에게 지속적으로 붙어있어야만 한다. 그래서 예수 그리스도께서는 제자들에게 이렇게 말씀하셨다.

“내 안에 있어라. 그러면 나도 너희 안에 있겠다. 가지가 포도나무에 붙어 있지 않으면 가지 스스로 열매를 맺을 수 없듯이, 너희도 내 안에 있지 않으면, 스스로는 열매를 맺을 수 없다” 요한복음 15:4.

주님은 이어서 거의 비슷한 내용으로 이렇게 말씀하신다.

"나는 포도나무요, 너희는 가지다. 사람이 내 안에 있고 내가 그 안에 있으면, 그는 열매를 많이 맺는다. 그러나 나를 떠나서는 너희가 아무것도 할 수 없다" 요한복음 15:5.

예수 그리스도께서는 '말씀 경영' 과 '기도 경영' 이 얼마나 중요한가를 가르쳐주시고 있다. '말씀 경영' 이란 우리가 기업을 경영할 때 하나님의 말씀에 기초해서 경영하는 것을 말한다. 또 '기도 경영' 이란 기업경영에 어떤 문제가 있을 때 그 문제를 해결하기 위해 하나님 아버지께 기도로 해결책을 구하는 것을 말한다. 예수 그리스도께서는 '말씀 경영' 과 '기도 경영' 의 중요성을 이렇게 말씀하시고 있다.

"너희가 내 안에 있고 내 말이 너희 안에 있으면, 무엇이든지 원하는 대로 구하여라. 그리하면 너희에게 이루어질 것이다" 요한복음 15:7.

예수 그리스도를 통하여 경영에 관한 지식과 지혜를 배워야 하는 이유를 요한복음 15장 15절에서 찾을 수 있다. 우리를 종이라 부르시지 않고 친구라고 부르시면서 이렇게 말씀하신다.

"이제 내가 너희를 더 이상 종이라고 부르지 않겠다. 종은 주인이 하는 일을 알지 못한다. 방금 전에 나는 너희를 친구라고 불렀다. 왜냐하면 내가 아버지께 들은 것을 다 너희에게 알게 하였기 때문이다."

여기서 그리스도께서 하나님 아버지께 들은 것을 모두 제자들에게 알게 하셨다고 말씀하시고 있다. 이 말씀을 NIV로 보면 자신이 아버지로부터 배운 것은 모두 제자들에게 가르쳐준 것으로 되어 있다.

“I no longer call you servants, because a servant does not know his master′s business. Instead, I have called you friends, *for everything that I learned from my Father I have made known to you*.”

하나님은 지혜와 지식의 원천이다. 바울의 고백을 들어보자.

“오, 하나님의 지혜와 지식의 부유함은 참으로 깊습니다! 하나님의 판단은 헤아릴 수 없으며, 그분의 길은 아무도 찾을 수가 없습니다” 로마서 11:33.

우리의 생각대로 하던 경영을 버리고 예레미야 선지자가 전하는 하나님의 말씀을 들어보자. 그래서 이제는 성경에 기록된 하나님의 말씀대로 기업을 경영해 보자.

“내 백성이 두 가지 죄를 지었다. 그들은 생명수 샘인 나에게서 멀리 떠났고, 스스로를 위하여 우물을 팠다. 그러나 그것은 물을 담지 못하는 터진 우물이다” 예레미야 2:13.

인간의 얄팍한 지식과 지혜를 따라 기업경영을 해왔지만 그 결과는 많은 사람들이 일자리를 잃고 소망을 잃어버리고 방황하고 있는 삶이다. 다시 호세아 선지자의 말씀을 듣고 하나님께로 돌아가야 한다. 그리고 철저하게 하나님을 아는 일에 전심전력을 다하고 하나님의 말씀에 기초한 경영을 할 때 머지않아 우리의 주께서 상처투성이인 우리를 다시 치료하시고 살려서 우리의 영혼이 잘됨같이 기업경영도 잘되고 국가경제도 부흥시켜 주실 것이다.

"여호와께서 우리를 치셨으나 다시 낫게 해 주실 것이요, 우리에게 상처를 내셨으나 다시 아물게 해 주실 것이다. 여호와께서 이틀 뒤에 우리를 다시 살려 주시고, 사흘째에 우리를 다시 일으켜 주실 것이다. 그래서 우리가 주 앞에서 살 수 있게 될 것이다.

여호와를 알자. 우리가 여호와를 아는 데 전력하자. 날마다 새벽이 오듯이 주도 틀림없이 오실 것이다. 소나기처럼, 땅을 적시는 봄비처럼 주께서 오실 것이다" 호세아 6:1-3.

01
정리를 위한
토론 문제

1. '경영' 의 개념에 대해 월터 라잇과 앨빈 브라운의 정의를 각각 설명하고 자신의 말로 쉽게 설명해 봅시다.

2. 저자는 IMF 경제위기의 원인을 하나님의 말씀을 무시하고 기업경영을 한 때문이라고 주장하고 있습니다. 그 근거의 말씀으로 신명기 28장 15절과 44절을 제시하고 있습니다. 이 말씀을 읽고 서로의 의견을 말해 봅시다.

3. 글로벌 금융위기의 원인은 무엇이며 이것을 어떻게 극복할 수 있는지 서로의 의견을 나누어 봅시다.

4. 저자는 왜 성경으로 기업경영을 배워야 한다고 주장하고 있습니까? 또 '말씀 경영' 과 '기도 경영' 은 무엇을 말합니까?

5. 당신이 기업경영을 하다가(또는 직장생활을 하던 중에) 어려운 일이 있을 때 어떻게 극복하였는지 그 경험을 함께 나누어 봅시다.

02
하나님의 경영과 사람의 경영

"너희가 내 안에 거하고 내 말이 너희 안에 거하면 무엇이든지 원하는 대로 구하라 그리하면 이루리라"요한복음 15:7.

"If you remain in me and my words remain in you, ask whatever you wish, and it will be given you."

경영이란 개념은 매우 다양하게 사용되고 있다. 개인이 어떤 목표를 세우고 그 목표를 효과적이고 효율적으로 수행하는 것은 하나의 경영활동이다. 이것을 '자기경영' 이라 할 수 있다. 또한 가계도 그 가계의 목표를 수립하고 목표를 효과적으로 달성할 수 있는 대안을 검토해서 최적 대안을 결정하고 그것을 실행하고 평가할 수 있다. 이를 '가계경영' 이라 할 수 있다. 그런가 하면 어떤 기업이 기업의 목표를 세우고 목표를 달성하는 의사결정을 하고 수립한 계획을 실행하고 평가하는 것은 '기업경영' 이다.

이와 같이 경영을 목표를 달성하는 과정으로 볼 때 경영은 다음과 같이 정의할 수 있다.

"경영이란 다른 사람과 함께 그리고 다른 사람들을 통해서 효율적 및 효과적으로 일이 이루어지게 하는 과정이다."

여기서 과정이란 경영자가 수행하는 기본적인 활동을 의미하며 학자에 따라 이 과정을 세 가지 또는 다섯 가지로 파악하고 있다.

앨빈 브라운Alvin Brown은 경영자가 수행하는 경영활동을 계획planning, 실행doing, 평가seeing의 세 과정으로 설명하고 있다. 계획은 마음으로 세우기 때문에 정신적 활동이라 할 수 있다. 솔로몬은 잠언에서 사람의 계획이 마음의 활동이라고 하여 '마음의 계획'이라는 표현을 사용하고 있다.

"마음의 계획은 사람이 세우지만, 그 일을 이루시는 분은 여호와이시다" 잠언 16:1.

실행은 손을 비롯한 신체를 사용해서 이루어지기 때문에 신체적 활동이다. 욥은 여호와께서도 손으로 일을 행하신다는 것을 이렇게 고백하고 있다.

"이것들 중에 어느 것이 여호와의 손이 이를 행하신 줄을 알지 못하랴" 욥기 12:9.

그리고 계획한 대로 실행이 되었는지에 대한 평가는 주로 눈으로 하기 때문에 평가는 시각적 활동이라 할 수 있다.

브라운의 모형은 경영을 매우 단순하게 설명하고 있다는 장점이 있다. 그런데 브라운은 경영활동에서 하나님의 역할을 배제하고 있다. 경영활동에서 하나님의 존재를 인정하지 않으면 기업조직이 당면한 문제를 원천적으로 파악하지 못하기 때문에 여러 가지 사회적 문제를 일으킬 수 있다.

경영자의 다섯 가지 기능

브라운과 달리 어떤 경영학자는 경영자의 기능을 다섯 가지 과정으로 설명하고 있다.❶ 즉 경영을 계획planning, 조직organizing, 충원staffing, 지휘leading, 통제controlling의 다섯 과정으로 설명하고 있다.

경영자의 첫 기능인 계획은 조직의 사명과 가치를 확인하고 그것을 실행할 수 있는 전략을 개발하는 경영과정이다. 둘째 기능인 조직은 조직의 계획을 수행하기 위하여 구조와 자원을 제공하는 과정이다. 경영자의 셋째 기능인 충원은 조직의 계획을 수행하는 데 필요한 재능과 기술을 가진 인적자원을 제공하는 과정을 말한다. 넷째 기능인 지휘는 조직 개발의 모든 영역에 방향과 참여를 제공하는 경영자의 과정을 말한다. 마지막으로, 경영자의 다섯째 기능은 조직의 목표를 진전시키고 완수하는 것을 평가하고 감독하는 활동이다.

기업 조직이 단순할 때는 경영자의 기능을 계획, 실행, 그리고 평가의 세 과정으로 이해하는 것이 유용할 수 있다. 그러나 기업 조직이 복잡해지면 경영자의 기능을 계획, 조직, 충원, 지휘, 그리고 통제의 다섯 과정으로 설명하는 것이 더 유용할 것이다. 그러나 경영을 비록 다섯 가지의 기능으로 설명하더라도 각 과정에서 하나님의 존재를 인정하지 않는다면 심각한 문제를 일으킬 수 있다.

무엇이 진정한 창조적 경영인가? |

삼성의 이건희 회장은 2006년 9월 19일 미국 뉴욕 맨해튼의 타임워너 센터에서 가진 전자사장단 회의에서 삼성은 '창조적 경영' 이 필요하다고 역설하였다. 이것이 신문에 보도되어 우리들의 관심을 끈 바 있다.❷ 그런데 불과 2년도 채 되지 않아 2008년 4월 22일 삼성의 불법 승계 등 여러 가지 문제로 인해 본인이 회장직에서 물러났다. 그리고 일가를 비롯한 그룹 핵심인사들의 퇴진 등을 골자로 하는 쇄신안을 내놓았다.

이 시대에 정말 필요한 창조적 경영을 어디에서 찾아야 할까? 우리는 그 근원을 창세기에 나타난 하나님의 창조사역에서 찾아야 한다. 창세기 1장에 나타난 창조기사를 가만히 읽어보면 하나님의 완전한 경영과정을 찾을 수 있다.

우선 첫째 날의 경우, 하나님은 "빛이 있으라" 말씀하심으로 빛을 만들 의도를 나타내셨다. 이것이 하나님의 첫째 날 계획이었다. "빛이 있으라"는 계획이 선포되는 대로 빛이 만들어졌다. 하나님의 계획대로 실행이 된 셈이다. 그리고 창조된 빛이 하나님 보시기에 좋았다는 평가가 있었다. 여기서 우리는 하나님은 계획, 실행, 평가의 과정을 거치는 경영활동을 하시는 것을 볼 수 있다.

첫째 날뿐만 아니라 나머지 5일 동안에도 하나님의 창조활동은 계획, 실행, 평가의 세 과정이 반복되고 있는 사실을 발견할 수 있다. 하나님의 6일간의 창조를 살펴보면 하나님의 계획, 하나님의 실행, 그리고 하나님의 평가 이 세 과정으로 이루어진 것을 알 수 있다. 이것을 '하나님의 창조경영' 이라 부를 수 있다. 우리는 하나님의 계획은 말씀으로 이루어졌다는 사실에 주목하여야 한다. 그리고 하나님께서 계획하신 것은 그대로 다 이루어졌다는 점도 주목하여야 할 사실이다. 즉, 하나님의 경영은 완전한 경영이었다.

'하나님의 창조경영' 이 기업경영에 어떤 의미를 주는지 몇 가지로 정리해 보자.

하나님의 창조경영이 기업경영에 주는 의미 I

경영활동의 목표는 무엇이어야 하는가? 하나님의 창조 초기의 땅과 수면의 상태는 혼돈과 공허, 그리고 흑암이었다. 창세기 저자는 창조 초기의 모습을 다음과 같이 묘사하고 있다.

"그런데 그 땅은 지금처럼 짜임새 있는 모습이 아니었고, 생물 하나 없이 텅 비어 있었습니다. 어둠이 깊은 바다를 덮고 있었고, 하나님의 영은 물 위에서 움직이고 계셨습니다" 창세기 1:2.

그러나 하나님의 창조가 완성되었을 때는 모든 것이 질서있고 충만하여 광명한 상태가 되었다. 따라서 기업경영의 목표는 비록 경영이 시작되는 초기에는 혼돈과 공허, 그리고 어둠의 상태에 있다 할지라도 창조적 경영활동을 통하여 질서와 풍성, 그리고 광명의 상태로 이르게 하는 활동이 되어야 한다. 하나님께서 천지와 만물의 창조를 마치셨을 때의 상태를 창세기 저자는 이렇게 묘사하고 있다.

"하나님께서 손수 만드신 모든 것을 보시니, 보시기에 매우 좋았습니다. 저녁이 지나고 아침이 되니, 이 날이 여섯째 날이었습니다" 창세기 1:31.

하나님의 경영 대리인

모든 경영자는 하나님의 경영 대리인이다. 하나님께서 사람을 창조하실 때 하나님의 형상으로 지으셨다. 그리고 피조물에 대한 경영을 남자와 여자에게 위탁하셨다.

"그래서 하나님께서 하나님의 형상대로 사람을 창조하시되, 남자와 여자를 만드셨습니다" 창세기 1:27.

하나님께서 사람에게 위탁하신 경영대상의 범위를 주목할 필요가 있다. 하나님께서는 다음과 같이 말씀하시면서 창조하신 만물을 하나님을 대신하여 경영하도록 하셨다.

"우리가 우리의 모습과 형상대로 사람을 만들자. 그래서 바다의 물고기와 공중의 새와 온갖 가축과 들짐승과 땅 위에 기어다니는 모든 생물을 다스리게 하자" 창세기 1:26.

하나님께서 우리에게 피조물에 대한 경영권을 위임하셨기 때문에 기업경영자는 항상 최고 경영자이신 하나님의 명령에 절대적으로 순종하여야 하는 책임이 있다.

기업경영에 대한 지혜가 부족할 때에는 지혜가 풍성하신 하나님께 기도로 지혜를 구하여야 한다. 이것을 저자는 '기도 경영' 이라고 말하고 있다. 야고보는 우리에게 '기도 경영' 의 중요성을 이렇게 가르쳐주고 있다.

"너희 중에 누구든지 지혜가 부족하거든 모든 사람에게 후히 주시고 꾸짖지 아니하시는 하나님께 구하라 그리하면 주시리라" 야고보 1:5.

경영에는 팀워크가 중요하다.

기업조직은 경영을 할 때 팀워크가 중요하며 중요한 일은 의논을 통해 결정해야 한다. 하나님께서 사람을 창조하실 때에는 다른 피조물을 창조하실 때와는 달리 삼위일체 하나님이 협의하여 만드셨다는 것을 명확하게 기록하고 있다. 이것은 하나님의 형상으로 창조된 경영자도 중요한 의사결정을 할 때는 단독으로 결정하는 대신에 회의를 통해 의논하여 집단적으로 의사결정을 하여야 한다는 것을 우리에게 알려주고 있다. 솔로몬은 잠언에서 의논의 중요성을 이렇게 교훈하고 있다.

"의논이 없으면 경영이 무너지고 지략이 많으면 경영이 성립하느니라" 잠언 15:22.

종업원의 능력을 지속적으로 개발하라.

기업은 조직구성원의 능력개발에 많은 지원을 하여야 한다. 하나님께서는 사람을 하나님의 형상대로 지으셨다. 사람이 하나님의 형상을 따라 지음을 받았다는 것은 여러 가지의 의미를 가진다.[3] 그 가운데 하나는 사람은 창조주 하나님을 따라 창조적 능력을 가지고 있다는 것이다.

모든 사람은 적어도 한 가지 이상의 재능을 가지고 있다. 예수 그리스도는 우리가 받은 재능을 지속적으로 개발하고 사용할 것을 요구하신다.❹ 우리가 주어진 능력을 개발하여 주인의 뜻대로 사용하게 되면 더 많은 능력을 부여받게 되지만 그렇지 않을 경우에는 주어진 능력조차도 빼앗기게 될 것이다. 예수 그리스도께서 하신 말씀을 들어보자.

"가진 사람은 더 많이 받아 풍성하게 될 것이고, 없는 사람은 있는 것마저 빼앗길 것이다" 마태복음 25:29.

안식을 할 때 일의 생산성이 높아진다.

기업의 구성원은 일과 쉼을 조화시킬 필요가 있다. 하나님이 6일 동안 만물을 창조하시고 7일에는 안식하셨다. 하나님의 형상대로 만들어진 사람도 창조주를 따라 6일간은 열심히 일하고 하루는 안식해야 함을 우리에게 교훈하고 있다.

하나님의 6일간의 창조활동을 일work로 묘사한 것을 보면 하나님의 형상인 사람의 일을 지극히 고상한 것으로 승화시켰다는 것을 알 수 있다.❺ 따라서 우리가 기업에서 일할 때도 창조성을 발휘하여 생산성을 높여야 한다.

또한 6일간의 일을 한 다음 하루는 휴식할 필요가 있음을 가르쳐주고 있다. 그래서 하나님께서는 모세를 통하여 십계명을 주실 때 안식일을 거룩하게 지키도록 명하셨다.

"안식일을 기억하여 거룩히 지키라 엿새 동안은 힘써 네 모든 일을 행할 것이나 제칠일은 너의 하나님 여호와의 안식일인즉 너나 네 아들이나 네 딸이나 네 남종이나 네 여종이나 네 육축이나 네 문 안에 유하는 객이라도 아무 일도 하지 말라 이는 엿새 동안 나 여호와가 하늘과 땅과 바다와 그 가운데 모든 것을 만들고 제칠일에 쉬었음이라 그러므로 나 여호와가 안식일을 복되게 하여 그 날을 거룩하게 하였느니라"

출애굽기 20:8-11.

기업은 생산성을 높이기 위해 노력해야 한다. 그러나 경영자는, 사람이 6일간 힘써 일하고 하루를 안식하면서 거룩하게 지내야만 일을 가장 효율적으로 할 수 있다는 사실을 잊어버리지 말아야 할 것이다.

환경친화적 경영이 필요하다.

기업은 환경친화적 경영을 하여야 한다. 우리는 우리가 살고 있는 환경을 하나님의 뜻에 따라 경영하도록 위임받았기 때문에 기업경영자는 지구환경을 돌볼 책임이 있다.

기업은 투자대안을 검토할 때 경제적 타당성 이외에 환경에 대한 영향을 고려하여 투자결정을 할 필요가 있다. 최근 국제부흥개발은행 IBRD은 한국의 은행들에 대해 걱정을 많이 하고 있다.[6] 제품생산과정에서 발생하는 산업폐기물이 환경오염을 유발할 경우, 이에 따른 향후 소송위험이 기업도산을 초래할 것이다. 이로 인해 국내은행이 부실해질 것이고 이는 연쇄적으로 해외채권단을 부실하게 만들 것이라는 염려에서이다. 이에 국내은행들은 우발부채의 위험이 적고 환경친화적 경영을 하는 기업들만을 엄선해서 대출을 하도록 해외채권단으로부터 압력을 크게 받을 것이라고 예상된다. 이렇게 되면 결국 환경친화적 경영을 하는 기업만이 살아남는다는 이야기가 된다.

'말씀 경영'이 중요하다.

하나님께서 말씀으로 천지 만물을 창조하셨다는 것은 하나님의 말씀이 경영을 하는 데 필수적이라는 것을 의미한다. 기업은 성경 말씀에 기초해서 경영을 하는 '말씀 경영'의 중요성을 인식하고 이를 실천하여야 한다.

하나님은 말씀하심으로써 만물을 창조하셨다. 따라서 하나님의 형상대로 창조된 사람도 진리의 말씀에 기초한 기업경영을 하여야 한다. 사도 요한은 예수 그리스도를 '말씀'으로 나타내고 있다. 이 말씀은 사람에게 생명을 주고 살리는 기능을 수행하기 때문에 말씀 경영의 중요성은 아무리 강조해도 결코 지나칠 수 없다.

"생명을 주시는 분은 성령이시다. 그러므로 사람의 힘은 전혀 쓸모가 없다. 내가 너희에게 한 말은 성령의 말씀이고 생명의 말씀이다" 요한복음 6:63.

하나님의 경영

하나님의 경영, 즉 하나님의 계획, 실행, 그리고 평가는 창세기의 창조에만 국한되어 있는 것이 결코 아니다. 하나님의 경영활동은 모세 오경을 비롯한 구약 전체에 계속되고 있다. 하나님은 그분의 목적을 이루시고자 하는 그 때에 말씀하신다.[7] 이것이 하나님의 계획에 해당된다. 하나님이 세우신 계획은 하나님께서 반드시 실행하신다. 하나님이 이사야를 통해서 말씀하셨을 때 하나님께서는 이 사실을 확인하셨다.

"내가 동쪽에서 사나운 날짐승을 부르며 먼 나라에서 나의 뜻을 이룰 사람을 부를 것이라 내가 말하였은즉 반드시 이룰 것이요 계획하였은즉 반드시 시행하리라" 이사야 46:11. 이 말씀을 영어 성경인 NIV 버전으로 보면 다음과 같다.

"From the east I summon a bird of prey; from a faroff land, a man to fulfill my purpose.

What I have said, that will I bring about; *what I have planned*, that will I do."

본문 속에서 '말하였은즉' 과 '계획하였은즉' 은 같은 뜻을 반복한 것임을 알 수 있다. 따라서 하나님은 말씀하심으로 그분의 계획을 공포하신다는 사실을 증명할 수 있다. 또한 하나님은 하나님의 사람들에게 이렇게 경고하신 적이 있다.

"만군의 여호와께서 맹세하여 이르시되 내가 생각한 것이 반드시 되며 내가 경영한 것을 반드시 이루리라. 만군의 여호와께서 경영하셨은즉 누가 능히 그것을 폐하며 그의 손을 펴셨은즉 누가 능히 그것을 돌이키랴" 이사야 14:24, 27.

하나님의 계획은 하나님 그분이 반드시 이루어 실행하신다는 속성이 있다. 하나님은 말씀으로 계획하시고 그 계획을 실행하실 뿐만 아니라 평가를 하셨다. 천지창조를 할 때는 날마다 평가를 하셨는데 그 이후에도 계속 평가를 한 것을 알 수 있다. 노아의 홍수 심판이 있기 전에도 하나님께서 사람의 생각이 언제나 악하다고 평가하신 것을 볼 수 있다.

"여호와께서 사람의 죄악이 세상에 관영함과 그 마음의 생각의 모든 계획이 항상 악할 뿐임을 보시고" 창세기 6:5.

여기서 '보시고'는 평가를 하는 것으로 이해할 수 있다. 지금까지 설명한 하나님의 경영을 〈그림 2-1〉과 같이 표시할 수 있을 것이다.

〈그림 2-1〉 하나님의 경영모형

사람의 경영모형 ㅣ

사람은 그가 악인이든 의인이든 경영활동을 한다. 즉, 사람은 계획하고 실행하며 평가하는 활동을 반복한다. 이 내용은 이미 앨빈 브라운을 통하여 충분히 설명하였기 때문에 여기서 다시 언급할 필요가 없다. 다만 성경은 여러 곳에서 악인의 경영과 의인의 경영에 대해 대조적으로 비교하고 있다.

특히 시편 1편은 악인의 경영과 의인의 경영에 대해 잘 요약해서 보여 주고 있다. 하나님께서는 의인의 경영은 인정하시지만 악인의 경영활동은 인정하지 않는다고 시편기자가 기록하고 있다. 의인의 경영은 하나님의 말씀을 즐거워하여 그 말씀을 주야로 묵상하면서 계획을 하고 실행하기 때문에 성공적인 경영이 될 것이라고 주장한다. 그러나 악인의 경영은 하나님을 무시한 경영활동을 하기 때문에 실패하는 경영이 된다고 말하고 있다.

한 가지 분명한 것은 하나님의 형상대로 지음을 받은 사람은 악인과 의인의 구분에 관계없이 하나님과 마찬가지로 계획, 실행, 그리고 평가의 세 과정을 반복한다는 사실이다. 이것을 〈그림 2-2〉로 나타낼 수 있다.

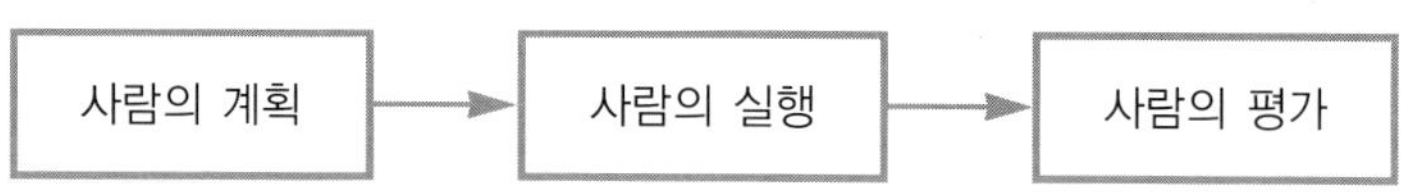

〈그림 2-2〉 사람의 경영모형

통합모형으로서의 이중적 경영모형

하나님이 아담을 하나님의 형상대로 창조하여 그에게 모든 피조물을 경영하도록 하셨다.[8] 그러나 아담은 하나님의 이러한 위임경영을 무시하고 하나님을 떠나 독자적인 경영을 하기 시작하여 타락한 경영자가 되었다.

사도 바울은 시편 말씀을 인용하여 로마서에서 이렇게 말하고 있다.

"기록된 바 의인은 없나니 하나도 없으며 깨닫는 자도 없고 하나님을 찾는 자도 없고 다 치우쳐 함께 무익하게 되고 선을 행하는 자는 없나니 하나도 없도다" 로마서 3: 10-12.

예수 그리스도는 사람이 불의한 경영을 하게 된 이유를 섬길 주인을 잘못 선택한 데서 비롯되었다고 지적하고 있다.[9] 즉 사람이 섬길 주인의 대상에는 하나님과 재물이 있는데 사람이 하나님 대신 재물을 주인으로 선택한 결과로 주인의 소유를 허비하는 불의한 청지기가 되었다는 것이다.

청지기 사명의 회복 |

어떻게 사람이 하나님의 청지기 사명을 회복할 수 있는가? 가짜 신인 바알을 버리고 진짜 신인 창조주 하나님을 주인으로 선택하여야 한다. 엘리야를 통한 하나님의 계획은 풍요의 신인 바알과 창조주 여호와 사이에서 방황하지 말고 참 하나님을 선택하게 하는 것이다. 엘리야가 백성 앞에 서서 이렇게 말했습니다.

"여러분은 언제까지 바알과 여호와 두 사이에서 머뭇거리고 있으렵니까? 여호와와 바알을 함께 섬길 것이오? 여호와가 참 하나님이시면 여호와를 따르고 바알이 참 하나님이면 바알을 따르시오" 열왕기상 18:21.

그러나 백성은 아무 말도 하지 않고 잠잠히 있었다. 이것은 하나님을 주인으로 선택하는 것은 사람의 뜻으로 되지 않는다는 것을 우리에게 알려 준다. 바울은 우리가 성령으로 말미암아 예수를 주라 고백할 수 있고 이로 인해 하나님을 주인으로 삼을 수 있다고 말하고 있다.

"그러므로 내가 너희에게 알리노니 하나님의 영으로 말하는 자는 누구든지 예수를 저주할 자라 하지 아니하고 또 성령으로 아니하고는 누구든지 예수를 주시라 할 수 없느니라" 고린도전서 12:1.

사람은 예수 그리스도께서 우리 죄를 위하여 대신 십자가에 매달려 죽으시고 3일 만에 우리의 의를 위하여 다시 살아나신 것을 마음에 믿으면 비로소 하나님의 형상을 회복할 수 있고 하나님의 청지기 사명을 깨닫게 된다.

그리스도인의 경영과 하나님의 경영

그리스도인은 하나님의 경영을 무시한 경영을 결코 할 수 없다. 그리스도인은 예수 그리스도의 제자로서 하나님의 말씀과 예수 그리스도의 말씀을 최고의 경영원리로 삼는 사람들이다. 또한 그리스도인들은 예수 그리스도를 떠나서는 아무 것도 할 수 없다고 믿는다.

요한복음 15장 5절에서 예수 그리스도께서 제자들에게 이렇게 말하고 있다.

"나는 포도나무요 너희는 가지니 저가 내 안에, 내가 저 안에 있으면 이 사람은 과실을 많이 맺나니 나를 떠나서는 너희가 아무것도 할 수 없음이라."

또 그리스도인은 사람이 계획을 하더라도 그 계획은 불완전하기 때문에 그 계획대로 달성되지 않을 수도 있다는 것을 알고 있다. 왜냐하면 솔로몬은 잠언 16장 9절에서 이렇게 말하고 있기 때문이다.

"사람이 마음으로 자기의 길을 계획할지라도 그 걸음을 인도하는 자는 여호와시니라."

하나님의 경영은 완전하며 그 계획대로 반드시 실행된다. 그러나 사람의 경영은 지혜의 부족으로 인해 불완전하며 그 계획대로 이루어지지 않을 수도 있다. 따라서 그리스도인에게는 하나님의 경영과 사람의 경영을 통합한 경영이 필요하다. 이 통합적 경영모형을 저자는 '이중적 경영모형' 이라 하고 있다.

저자는 하나님의 경영과 사람의 경영이 하나의 닮은꼴로 이루어졌다는 뜻에서 '이중적 경영모형' 이라고 부르고 있다. 사람은 하나님의 형상대로 지음을 받았기 때문에 하나님께서 계획, 실행, 평가하는 것처럼 사람도 계획, 실행, 평가를 하는 것이다.

하나님의 경영과 사람의 경영의 차이는 경영의 대상과 범위가 다른 데 있다. 하나님의 경영대상은 우주, 역사, 그리고 인류이다. 이를 하나님의 '거시적 경영' 이라고 할 수 있다. 그러나 하나님은 한 사람이나 참새 한 마리도 간섭하신다.[10] 이를 '미시적 경영' 이라 할 수 있다. 이에 반해 사람의 경영대상은 하나님께서 인간에게 경영을 위임한 피조물에 국한한다.[11]

이중적 경영모형의 내용과 특성

그러면 '이중적 경영모형' 의 내용과 특성은 무엇인가? '이중적 경영모형' 은 그리스도인은 무엇보다도 먼저 하나님의 말씀에 기초한 경영을 하게 된다는 것이다. 이것을 '말씀 경영' 이라고 하였다. 사람은 자신의 계획을 수립하기 이전에 하나님의 계획이 무엇인지를 확인하려고 한다. 그리고 말씀에 의한 경영을 하기 위해서 그리스도인은 하나님의 계획이 기록되어 있는 성경을 읽고 연구한다. 또 그리스도인은 구약시대에는 하나님이 선지자들을 통해서 여러 모양으로 말씀하셨지만 모든 날 마지막에는 예수 그리스도를 통하여 말씀하셨다는 것을 믿는다. 히브리서 1장 1절과 2절은 이렇게 기록하고 있다.

"옛적에 선지자들로 여러 부분과 여러 모양으로 우리 조상들에게 말씀하신 하나님이 이 모든 날 마지막에 아들로 우리에게 말씀하셨으니 이 아들을 만유의 후사로 세우시고 또 저로 말미암아 모든 세계를 지으셨느니라."

하나님께서는 하나님의 법을 자기 백성들의 생각에 두고 마음에 기록하여 하나님의 말씀에 기초한 경영을 할 수 있는 근거를 약속하셨다. 히브리서 8장 10절은 이렇게 기록하고 있다.

"또 주께서 가라사대 그날 후에 내가 이스라엘 집으로 세울 언약이 이것이니 내 법을 저희 생각에 두고 저희 마음에 이것을 기록하리라 나는 저희에게 하나님이 되고 저희는 내게 백성이 되리라."

또한 히브리서 10장 16절에도 같은 내용이 기록되어 있는데 이 두 말씀은 예레미야 31장 33절에 기록된 것을 인용하고 있다.

'기도 경영'을 하여야 한다. |

'이중적 경영모형'은 그리스도인에게 기도를 통한 경영을 하도록 요청하고 있다. 저자는 이것을 '기도 경영'이라 하고 있다.

예수 그리스도는 제자들에게 기도의 중요성에 대해 여러 차례 강조하였다. 산상수훈의 6장은 전적으로 기도에 관해서 제자들에게 가르치고 있는 것으로 이해할 수 있다. 이 밖에도 제자들에게 시험에 들지 않기 위해 깨어서 기도하도록 가르치고 있다.⑫ 또한 누가복음 18장에서는 항상 기도하고 낙망하지 말도록 '불의한 재판관의 비유'를 통해 가르치고 있다.⑬

예수 그리스도께서 기도에 대해 가장 잘 가르쳐준 곳은 아마도 누가복음 11장일 것이다.⑭ 여기서는 예수 그리스도께서 먼저 기도로 본을 보이신 후에 제자들에게 기도하는 법을 구체적으로 가르쳐 주시고 있다. 소위 '주기도문'이다. 이것을 요약하면 "너희는 먼저 그의 나라와 그의 의를 구하라"이다.

그 다음에 예수 그리스도는 친구와 아버지의 예를 통해서 친구와 아버지에게 필요한 것을 구하듯이 하늘에 계신 아버지께 '구하고 찾고 두드리는' 자에게는 '성령'을 반드시 주실 것을 약속하고 있다.

왜 예수 그리스도는 우리에게 성령을 구하라고 하셨겠는가? 여러 가지 이유가 있겠지만 무엇보다도 성령을 구하게 되면 예수 그리스도께서 성령으로 우리와 함께 하신다는 확신을 가질 수 있기 때문일 것이다. 예수 그리스도는 하나님 아버지께 구하여 또 다른 보혜사를 보내주겠다고 요한복음 14장 16절에 약속하셨다.

"내가 아버지께 구하겠으니 그가 또 다른 보혜사를 너희에게 주사 영원토록 너희와 함께 있게 하시리니."

또 성령을 구하게 되면 성령이 우리에게 필요한 지혜와 가르침을 주실 뿐만 아니라 예 수 그리스도의 말씀을 생각나게 하실 것이기 때문이다. 요한복음 14장 26절에서 예수 그리스도는 이렇게 약속하고 있다.

"보혜사 곧 아버지께서 내 이름으로 보내실 성령 그가 너희에게 모든 것을 가르치시고 내가 너희에게 말한 모든 것을 생각나게 하시리라."

또 기도로 성령을 구하면 하나님께서 우리에게 증인 역할을 할 수 있는 능력을 주신다. 누가는 사도행전 1장 8절에서 예수 그리스도께서 하신 말씀을 통하여 성령이 임하면 능력을 받게 된다고 말하고 있다.

"오직 성령이 너희에게 임하시면 너희가 권능을 받고 예루살렘과 온 유대와 사마리아와 땅 끝까지 이르러 내 증인이 되리라 하시니라."

다시 정리를 하면 이중적 경영모형은 '말씀 경영'과 '기도 경영'의 두 가지 내용과 특성을 갖추고 있다. 그리고 이 '말씀 경영'과 '기도 경영'은 하나님의 경영모형의 세 과정, 즉 하나님의 계획, 하나님의 실행, 그리고 하나님의 평가가 그리스도인의 경영모형의 세 과정, 즉 그리스도인의 계획, 그리스도인의 실행, 그리고 그리스도인의 평가의 각 과정이 두 방향으로 상호 교통하는 관계로 〈그림 2-3〉과 같이 표시할 수 있다.

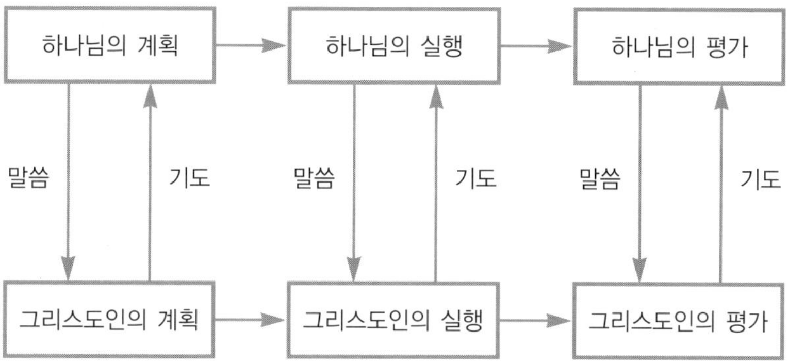

〈그림 2-3〉 이중적 경영모형

우리는 이 모형에서 하나님과 그리스도인은 경영의 각 단계별로 서로 교통한다는 화살표가 표시되고 있는 사실에 주목할 필요가 있다. 시편 55편 17절에 의하면 성도들은 하루 세 번씩 하나님께 기도하는 습관이 있었다.

"저녁과 아침과 정오에 내가 근심하여 탄식하리니 여호와께서 내 소리를 들으시리로다."

물론 예수 그리스도께서는 지속적으로 기도하도록 말씀하셨다.[15] 또한 말씀이 우리 마음 속에 풍성히 거하도록 하는 것이 매우 중요하다. 그래서 경영의 각 단계별로 말씀과 기도를 통해서 하나님과 함께 경영을 하게 되면 효과적인 경영이 될 것이 틀림없다.

예수 그리스도께서는 요한복음 15장 7절에서 우리에게 이같이 약속하셨다.

"너희가 내 안에 거하고 내 말이 너희 안에 거하면 무엇이든지 원하는 대로 구하라. 그리하면 이루리라."

02 정리를 위한 토론 문제

1. 앨빈 브라운은 경영을 계획, 실행, 평가의 세 과정으로 설명하고 있습니다. 여기서 저자는 계획은 정신적 활동이고, 실행은 신체적 활동이며, 그리고 평가는 시각적 활동이라고 설명하고 있습니다. 이것이 무슨 뜻인지 당신의 말로 설명해 봅시다. 또 앨빈 브라운의 모형을 실제 삶에 적용한 예를 하나 들어봅시다.

2. 경영을 경영자가 수행할 다섯 가지 기능으로 설명하는 학자도 있습니다. 이 설명에 의하면 경영자의 다섯 가지 기능이 무엇인지 간단히 설명해 봅시다.

3. 저자는 창세기 1장에서 하나님의 창조활동이 경영과정으로 이루어지고 있다는 사실을 찾고 이것을 '하나님의 창조경영' 으로 부르고 있습니다. '하나님의 창조경영' 을 간단히 설명해 봅시다. 그리고 이 '하나님의 창조경영' 이 기업경영에 주는 의미를 아는 대로 설명해 봅시다.

4. 저자는 '하나님께서 말씀하신다는 것은 곧 그분의 계획이다' 라고 주장하는데 당신도 이 견해에 동의하십니까? 또 저자는 '하나님의 계획은 반드시 이루어진다' 고 주장하는데 당신의 의견은 어떻습니까?

5. 박정윤 교수가 제안한 '이중적 경영모형' 의 내용이 무엇인지 〈그림 2-3〉을 보고 설명해 봅시다. 또 이 '이중적 경영모형' 의 특성을 두 가지로 설명해 봅시다.

Ⅱ

다섯 가지의 기본적 경영과정

"사람의 마음에는 많은 계획이 있어도 오직 여호와의 뜻만이 완전히 서리라"잠언 19:21.

Many are the plans in a man's heart, but it is the LORD's purpose that prevails.

Managing Business the Right Way

03

계획기능과 성경적 경영목표

"너의 행사를 여호와께 맡기라 그리하면 네가 경영하는 것이 이루어지리라" 잠언 16:3.

Commit to the LORD whatever you do, and your plans will succeed.

경영자의 첫째 기능은 계획기능이다. 계획이란 무엇인가? 라이트 Wright는 계획을 조직의 사명과 가치를 확인하고 그것을 실행하기 위한 전략을 개발하는 경영과정으로 정의하고 있다. 계획은 조직을 존재하게 하는 목적, 또한 일을 어떻게 할 것인가를 정의하는 문화 또는 특성을 발견하고 정의하는 것을 수반한다.

계획의 성질 |

계획의 필수적 성질은 네 가지로 요약될 수 있다.

첫째, 계획은 목적과 목표에 기여하는 성질이 있다. 목적과 목표에의 기여라는 것은 모든 계획의 목적은 조직의 목적과 목표를 달성할 수 있도록 촉진하는 데 있다는 것을 말한다.

둘째, 계획은 우선성이 있다. 계획의 우선성은 계획 기능이 다른 경영자의 기능인 조직, 충원, 지휘, 그리고 통제보다 선행하여 수행되는 성질을 의미한다.

셋째, 계획은 보편성이 있다. 계획의 보편성은, 계획은 모든 수준의 경영자가 수행할 기능이라는 뜻이다. 최고경영자나 일반 경영자나 계획의 특성이나 폭은 다를 수 있지만 모든 경영자는 경영자로서 계획 기능을 반드시 수행하게 된다.

넷째, 계획은 효율성이 있다. 계획의 효율성은 계획의 목표에 기여하는 양과 계획을 세우고 수행하는 데 드는 비용의 비율로 측정된다. 효율성이 높은 계획이 그렇지 못한 계획보다 더 우수하다고 말할 수 있다.

계획의 종류 |

우리가 계획이라고 말할 때 다양한 용어를 사용하고 있다는 사실을 인식할 필요가 있다. 계획이라는 뜻으로 목적 또는 사명을 사용하기도 한다. 그런가 하면 목표와 정책, 그리고 전략이라는 용어를 쓸 때도 있다. 그리고 절차나 규칙, 프로그램, 예산을 계획의 종류로 사용하기도 한다. 이들 용어가 의미하는 바가 경우에 따라 다를 수 있지만 이들이 하나의 계층으로 이해될 수 있다. 즉, 목적이나 사명은 사회에서 수행하도록 요구하는 기본적인 일이나 기능을 말한다. 기업의 사명은 사회가 필요로 하는 제품이나 용역의 생산과 제공이라 할 수 있다. 따라서 목적이나 사명이 최상위에 위치하는 계획이라 할 수 있다. 그 다음에는 목표와 정책, 그리고 전략이 위치한다. 그 아래에는 절차와 규칙, 프로그램, 그리고 예산의 계획이 위치한다고 할 수 있다.

계획의 형태

Purpose or Mission	Objectives
Strategies	Policies
Procedures	Rules
Programs	Budgets

왜 계획을 세우는가?

계획을 세우는 이유에는 네 가지가 있다. 첫째, 불확실성과 변화를 상쇄하기 위해서다. 미래의 불확실성과 변화는 계획기능을 필수적으로 만든다. 마치 항해자가 항해 코스를 설정하고 잊어버릴 수 없듯이 기업경영자도 목표를 설정하고 나서 그것을 망각해 버릴 수 없다. 미래가 확실성이 높은 상황에서도 계획은 반드시 세울 필요가 있다.

둘째, 계획을 수립하는 또 다른 이유는 목표에 주의를 집중하기 위해서다. 모든 계획이 기업의 목표를 달성하도록 지향하고 있기 때문에 계획을 수립하는 행위 자체는 기업목표에 초점을 맞추게 한다. 잘 고려된 전반적 계획은 여러 부서간의 활동을 통일시킨다. 경영자는 항상 미래를 고려하고 경영자의 목표를 달성하기 위해 계획을 정기적으로 수정하거나 연장할 필요를 고려하도록 압력을 받고 있다.

셋째, 계획을 세우면 경제적 활동이 가능하다. 계획을 수립하게 되면 효율적 활동과 일관성을 강조하기 때문에 비용을 최소화할 수 있다. 계획은 불필요한 활동이나 노력을 줄일 수 있기 때문에 경제성이 초래된다. 계획의 경제성은 특히 생산부서에서 쉽게 확인될 수 있다.

마지막으로, 계획은 통제를 촉진할 수 있다. 경영자는 측정할 수 있는 목표나 표준을 설정하지 않고 부하의 성과를 통제할 수 없다. 계획을 표준으로 사용하지 않고 통제할 수 있는 방법은 없다. 뿐만 아니라 통제는 계획과 마찬가지로 미래를 지향하도록 만들어 준다.

계획수립의 단계 |

그렇다면 계획은 어떤 절차를 거쳐 수립하는가? 계획수립을 위해서는 모두 여덟 가지를 고려해야 한다. 첫째, 기회의 인식이다. 기회의 인식은 실제 계획수립에 선행되기는 하지만 계획의 출발점이 된다. 이것은 미래의 가능한 기회를 미리 바라보고 명확하고 철저하게 볼 수 있는 능력을 포함한다. 우리 기업의 강점과 약점에 비추어 볼 때 어떤 위치에 있는가? 이것을 통해 우리가 얻고자 하는 것은 무엇인가? 실질적인 계획을 세우는 데 바로 기회의 확인이 필수적이다.

둘째, 목표설정이다. 계획 자체의 첫 단계는 전체 기업의 목표를 설정하고 그 다음에 하위 단위별로 목표를 설정하는 것이라 할 수 있다. 결과를 구체화하는 목표는 무슨 일을 수행해야 하는지의 최종점을 나타낸다.

셋째, 가정설정이다. 이것이 계획의 두 번째 논리적 단계라 할 수 있다. 중요한 계획수립에 대한 가정을 설정하고, 그 가정을 활용하기로 동의를 얻고, 보급하기로 하는 단계다. 이 가정은 사실에 기초한 예측 데이터, 적용가능한 기본 정책, 그리고 현존하는 기업계획이 될 수 있다.

넷째, 대안결정이다. 이것이 계획수립의 셋째 단계라 할 수 있다. 대안결정은 당장에는 명확하지 않은 대안적 행동과정을 탐색하고 검토하는 것을 말한다. 합리적인 대안이 존재하지 않는 계획이란 거의 없다. 가끔은 명확하지 않은 대안이 최적안이 되기도 한다.

다섯째, 대안평가이다. 모든 대안을 탐색하고 각 대안의 강점과 약점을 검토하였다면 그 다음 단계는 가정과 목표에 비추어 여러 가지 요소를 고려하여 모든 대안을 평가하는 것이다. 어떤 투자대안은 가장 수익성이 높은 것처럼 보이는 반면에 엄청난 투자비용이 요구되고 투자회수는 늦어질 수 있다. 다른 투자대안은 수익성은 낮지만 위험도 낮은 것일 수도 있다. 또 다른 투자안이 기업의 장기목표에 가장 잘 맞는 대안이 될지도 모른다.

여섯째, 최적 대안선택이다. 최선의 행동과정 선택이 계획의 다섯 번째 단계이다. 이것은 설정된 목표를 가장 잘 이룰 수 있는 대안을 선택하는 것이다. 그러나 최적대안을 하나만 선택할 필요는 없다.

일곱째, 파생계획 수립이다. 최적 대안이 선택되었다고 해서 계획이 완전히 끝나는 것은 아니며 여섯 번째 단계가 필요하다. 그것은 기본계획을 지원하는 데 필요한 파생적 계획을 세우는 것을 말한다.

마지막으로, 예산에 의한 계획의 수치화가 필요하다. 의사결정이 이루어지고 계획이 확정되었다면 의미를 부여하기 위해서 그 계획을 숫자화하고 예산을 작성해야 한다. 기업의 전체 예산은 추정손익계산서와 추정 대차대조표로 나타낼 수 있다.

계획수립의 단계

Step 1	Being aware of opportunities
Step 2	Establishing objectives
Step 3	Developing premises
Step 4	Determining alternative courses
Step 5	Evaluating alternative courses
Step 6	Selecting an optimal course
Step 7	Formulating derivative plans
Step 8	Numberizing plans by budgeting

기업경영의 목표 |

기업재무관리에서는 기업경영의 목표로 세 가지를 말하고 있다. 즉, 이익극대화, 가치극대화, 그리고 사회적 책임이 있다.

기업경영의 목표를 초기에는 이익극대화로 하였으나 이 목표는 세 가지 문제점을 가지고 있어서 현대에는 가치극대화를 그 목표로 하고 있다. 이익극대화의 세 가지 문제점이란 무엇인가?

첫째, 이익은 과거에 발생한 장부상의 회계적 개념이라 실제 현금의 흐름과는 전혀 관계가 없다. 둘째, 이익은 이익이 발생하는 시점을 고려하지 않는다. 이것을 달리 말하면 이익개념은 화폐의 시간적 가치를 무시하고 있다. 셋째, 이익은 사업으로부터 발생하는 현금흐름의 불확실성, 즉 위험을 고려하지 않고 있다.

가치극대화 목표는 이익극대화가 가지고 있는 세 가지 문제점을 모두 해결하고 있다. 여기서 기업가치의 극대화는 주주의 부를 극대화하는 것을 말한다. 또 주주의 부는 주주가 소유하고 있는 주식의 가치로 측정이 된다. 따라서 기업의 가치를 극대화한다는 것은 보통주의 시장가치를 높이는 데 있다고 할 수 있다.

그런데 최근에는 기업의 가치극대화 목표를 지나서 기업의 사회적 책임corporate social responsibility이 강조되고 있다. 뿐만 아니라 사회적 책임을 잘 수행하는 기업이 그렇지 못한 기업보다 시장에서 기업가치에 대한 평가를 더 높게 받고 있다는 주장도 있다.

기업경영의 목표

- 이익극대화
- 가치극대화(주주의 부 극대화)
- 사회적 책임(corporate social responsibility)
  - ⇒ 윤리경영, 환경경영, 지속가능경영
  - ⇒ 착한 기업(good companies)

신앙과 계획

어떤 그리스도인들은 믿음으로 살면 되지 꼭 계획을 세워서 살아야 하느냐고 묻는다. 이렇게 생각하는 사람들은 아마 잠언 16장 9절을 오해해서 그럴지도 모른다. “사람이 마음으로 자기의 길을 계획할지라도 그의 걸음을 인도하시는 이는 여호와시니라." 그런데 이 말씀은 사람이 계획을 세우는 것을 전제로 하고 있다는 사실에 주목해야 한다. 또한 이 구절은 사람은 계획을 세우는 데 있어서 마음으로 한다는 것을 말해주고 있다. 즉 계획은 정신적 활동이라는 것이다. 또 이 말씀은 여호와로부터 승인을 받지 않은 계획은 실행이 되지 않을 수도 있기 때문에 실패하지 않기 위해서는 하나님의 뜻에 맞는 계획을 수립해야 한다는 것을 말한다.

잠언 19장 21절을 읽어보면 사람의 계획에 대해 더 잘 이해할 수 있다. "사람의 마음에는 많은 계획이 있어도 오직 여호와의 뜻만이 완전히 서리라." 우리가 세우는 계획이 성공하느냐 실패하느냐는 전적으로 하나님의 뜻에 달려있다.❶ 성경 속에 나오는 많은 사람들의 계획이 실패하는 예를 살펴보면 이해가 될 것이다.

기업에 대한 부정적 시각과 성경적 관점

오늘날도 일부 사람들이 기업에 대해 부정적 입장을 가지고 있는 것이 사실이다. 옛날 성인들 가운데 일부도 기업에 대해 좋지 않은 생각을 가지고 있었던 것 같다.

성 제롬St. Jerome은 "상인이 하나님을 기쁘게 해드리는 경우는 거의 없다"고 말한 적이 있다. 또한 성 어거스틴St. Augustine은 "기업은 그 자체로 악한 것이다"라고 말하였다.

그러나 오늘날 대부분의 그리스도인들은 이러한 견해에 동의하지 않는다. 우리 자신이 처한 현실을 살펴보면 금방 이해가 될 것이다. 많은 사람들은 기업에 취업하여 여러 가지 일을 하며 그 일에 직접적으로 관여하고 있다. 그렇지 않다 하더라도 기업이 생산한 여러 가지 제품을 구입하여 사용하는 것으로 간접적으로 관련을 맺고 살고 있다. 따라서 기업은 사람들의 필요를 충족시키기 위한 하나님의 계획에 필수적인 조직이라 말할 수 있다.

기업에 대한 오해

St. Jerome
"상인이 하나님을 기쁘게 해드리는 경우는 거의 없다."

St. Augustine
"기업은 그 자체로 악한 것이다."

기업은 생계수단에 지나지 않는가?

어떤 사람들은 기업을 단지 생계수단으로 본다. 이런 사람들은 기업에서 일하는 것을 돈을 버는 수단으로만 인식하는 것이다. 물론 일을 통해 우리의 수입을 얻는 것은 사실이다. 그러나 우리는 기업을 단순히 이익을 창출하기 위한 수단으로가 아니라 하나님의 사명으로 인식할 필요가 있다.

하워드 스나이더에 의하면 사명은 가장 기본적으로는 '부르러 보냄' 을 의미한다. 사명이란 두 가지의 뜻을 가진다. 첫째, 사명은 하나님의 사명이다. 이것은 하나님께서 자신의 목적을 이루신다는 것을 뜻한다. 하나님은 우리에게 예수 그리스도를 지극히 높여 모든 이름

위에 뛰어난 이름을 주셔서 모든 무릎을 예수의 이름에 꿇게 하시고 모든 입으로 예수 그리스도를 주라 시인하여 하나님 아버지께 영광을 돌리게 하실 때가 올 것이라고 약속하셨다(빌립보 2:9-11). 우리의 믿음은 하나님의 신실성과 능력에 있는 것이지 우리 자신의 노력에 있지 않다.

둘째, 하나님은 우리에게 성령을 주시고 이 성령을 통해 권능을 주셔서 교회를 역사적으로 새롭게 해오셨다. 우리가 외부의 도전이나 교회의 복음에 대한 배신으로 인해 어려움에 처할 때마다 우리는 다시 회개하여 믿음과 소망을 새롭게 하시는 하나님과 성령님께로 돌아갈 수 있다.

내 삶의 사명 |

모든 그리스도인은 하나님으로부터 하나의 사명을 부여받았다. 그리스도인 각자의 사명은 세 차원에서 생각할 수 있다.❷

첫째는 하나님에 대한 사명이다. 우리의 세상에 대한 사명은 하나님과의 관계에 뿌리를 두고 있다. 예배가 하나님을 향한 우리의 사명이다. 이것은 우리에게 꼭 필요한 수직적인 사명이라 할 수 있다. 우리는 "산 돌같이 신령한 집으로 세워지고 예수 그리스도로 말미암아 하나님이 기쁘게 받으실 신령한 제사를 드릴 거룩한 제사장이 되도록" 부름을 받았다(베드로 전서 2:5). 또한 우리는 "예수로 말미암아 항상 찬송의 제사를 하나님께 드리도록" 부름을 받았다(히브리서 13:15).

둘째, 신자에 대한 사명이다. 우리는 개인적으로만 부름을 받은 것이 아니라 세상에서 그리스도의 몸으로 부름을 받았기 때문에 서로 서로에 대한 사명을 가지고 있다. 우리의 사명은 교회를 돕는 것이다. 신약은 우리가 서로 사랑하고 격려하며, 서로 가르치고 짐을 지도록 반복적으로 강조하고 있다. 바울은 골로새 교회에게 "그리스도의 말씀이 너희 속에 풍성히 거하여 모든 지혜로 피차 가르치며 권면하도록" 교훈하고 있다(골로새 3:16).

셋째, 세상을 향한 사명이다. 베드로는 우리의 사명을 이렇게 말하고 있다. "그러나 너희는 택하신 족속이요 왕 같은 제사장들이요 거룩한 나라요 그의 소유가 된 백성이니 이는 너희를 어두운 데서 불러내어 그의 기이한 빛에 들어가게 하신 이의 아름다운 덕을 선포하게 하려 하심이라"(베드로 전서 2:9).

우리 각자는 어떤 형태로든 예수 그리스도와 그의 사역이라는 교회의 사명에 맞춰져야 한다. 그러나 이것은 아주 다른 방법으로 일어난다. 어떤 사람에게는 세상을 향한 사명이 주로 가정이나 가족의 삶을 통해 수행이 된다. 다른 사람에게는 직업이나 경력으로 세상을 향한 사명이 이루어진다. 직업만 하더라도 너무 다양하다. 어떤 사람은 예술가로, 어떤 사람은 교사로, 그리고 또 어떤 사람은 복음전도자로 사명을 감당하고 있다. 중요한 것은 우리의 삶 자체가 사명, 즉 우리 자신의 일을 하는 것이 아니라 하나님의 목적을 위해 사는 것이라는 사실이다.

요컨대, 이러한 사명의 의미를 요한복음 20장 21절에서 찾을 수 있다. "예수께서 또 이르시되 너희에게 평강이 있을지어다 아버지께서 나를 보내신 것같이 나도 너희를 보내노라." 예수께서는 아버지께서 자신을 이 세상에 보내셔서 사명을 이루도록 하신 것처럼 그도 제자인 우리들을 사명을 이루기 위해 세상으로 보낸다고 말씀하셨다.

정의를 실천하는 계획을 세워야 |

기업 경영자가 옳은 계획을 세우는 것이 중요하다. 기업은 정의를 실천할 수 있는 수단이 된다. 이런 의미에서 경영자가 하나님의 뜻과 계획에 기초하여 기업의 계획을 수립하는 것이 필수적이다.

기업도 하나님의 복을 받아야 번창할 수 있다. 솔로몬은 잠언 3장 33절에서 이렇게 말한다.

"악인의 집에는 여호와의 저주가 있거니와 의인의 집에는 복이 있느니라."

또 그는 잠언 19장 11절에서는 이렇게 말하고 있다. "사람의 마음에는 많은 계획이 있어도 오직 여호와의 뜻만이 완전히 서리라."

예수 그리스도께서도 산상수훈에서 이렇게 말씀하신다.

"그런즉 너희는 먼저 그의 나라와 그의 의를 구하라 그리하면 이 모든 것을 너희에게 더하시리라" 마태복음 6:33.

기업이 계획을 수립할 때에는 될수록 많은 사람을 참여시키는 것이 중요하다. 전문가뿐만 아니라 모든 구성원의 참여가 필수적이다. 그래서 솔로몬은 이렇게 말한다.

"의논이 없으면 경영이 무너지고 지략이 많으면 경영이 성립하느니라" 잠언 15:22.

CMDS의 기업목표 |

한 기독인 경영기업의 목표를 살펴보자. CMDSComputer Management and Development Services는 북미에서 빨리 성장하고 있는 개인회사 중의 하나인데 미국 버지니아 주 해리슨버그에 소재하고 있다. 이 회사는 대학과 의료기관을 위한 행정관리 소프트웨어를 개발하여 판매하고 있으며 50여 명의 헌신적인 그리스도인들로 구성되어 있다.

이 회사는 네 가지의 기업목표를 설정하고 있다. 1) 하나님을 영화롭게 함, 2) 사람들을 개발시킴, 3) 최상의 서비스를 추구함, 그리고 4) 이윤을 창출함.

그런데 이 기업은 자생력 있는 기업을 운영하기 위해 이윤창출의 필요성을 인정하고 있다. 그럼에도 불구하고 앞의 세 가지 목표를 달성하기 위해서라면 좀 더 큰 이익도 기꺼이 포기할 것이라고 밝히고 있다.[3]

CMDS의 기업목표 4가지

- ☞ 하나님을 영화롭게 함.
- ☞ 사람들을 개발시킴.
- ☞ 최상의 서비스를 추구함.
- ☞ 이윤을 창출함.

→ 이윤창출의 필요성은 인식하지만 앞의 세 가지 목표를 달성하기 위해서라면 좀 더 큰 이익도 기꺼이 포기할 것임.

성경적 기업목표 |

성경적 기업의 목표는 무엇이어야 하는가? 바울은 모든 삶의 목표가 하나님의 영광을 위하는 것이라고 말하고 있다. "그런즉 너희가 먹든지 마시든지 무엇을 하든지 다 하나님의 영광을 위하여 하라"(고린도전서 10:31). 그런데 어떻게 하는 것이 하나님을 영화롭게 하는 것인가? 바울은 자신의 유익을 구하지 아니하고 많은 사람의 유익을 추구하는 것이 하나님을 영화롭게 하는 것이라고 말하고 있다.

따라서 앞에서 소개한 기독인 경영기업인 CMDS의 기업목표 가운데 하나인 하나님을 영화롭게 하는 것은 성경적인 목표라고 할 수 있다. 그리스도인은 기업의 최고경영자뿐만 아니라 모든 종업원이 행하고 말하는 것에 의해서 예수 그리스도가 영화롭게 되어야 한다고 믿어야 한다.

바울이 말하는 성경적 기업목표

고린도 전서 10:31-33

"그런즉 너희가 먹든지 마시든지 무엇을 하든지 다 하나님의 영광을 위하여 하라. 유대인에게나 헬라인에게나 하나님의 교회에나 거치는 자가 되지 말고, 나와 같이 모든 일에 모든 사람을 기쁘게 하여 자신의 유익을 구하지 아니하고 많은 사람의 유익을 구하며 그들로 구원을 받게 하라."

03
정리를 위한 토론 문제

1. 어떤 그리스도인들은 믿음으로 살면 되지 반드시 계획을 세워서 살 필요가 없다고 생각하고 있습니다. 이런 사람에 대한 당신의 입장은 무엇입니까? 관련되는 성경 구절을 들어 말해 봅시다(잠언 16:9; 잠언 19:21 등).

2. 계획수립의 단계를 설명해 봅시다. 그리고 이 단계를 활용하여 당신의 실제 상황(개인적인 상황이나 조직의 상황)에 적용하여 계획을 세워봅시다.

3. 저자는 이 장에서 기업의 목표를 세 가지로 소개하고 있습니다. 각각에 대해 간단히 설명하고, 이 목표 가운데 어느 목표가 성경적인 뜻과 부합하는지, 또 왜 그렇게 생각하는지 말해 봅시다.

4. 저자는 세 가지 차원에서 사명을 설명하고 있습니다. 세 차원에서의 사명을 쉬운 말로 설명해 봅시다.

5. CMDS라는 기독인 경영기업은 기업목표로 네 가지를 설정하고 있습니다. 네 가지 목표는 무엇입니까? 또 이 가운데 가장 중요한 목표는 무엇입니까? 왜 그렇게 생각합니까?

04
조직기능과 성경적 조직원리

"몸은 하나인데 많은 지체가 있고 몸의 지체가 많으나 한 몸임과 같이 그리스도도 그러하니라" 고린도 전서 12:12.

The body is a unit, though it is made up of many parts; and though all its parts are many, they form one body. So it is with Christ.

조직Organizing이란 무엇인가? 조직은 경영자가 수행해야 할 두 번째 경영기능이다. 계획을 세웠으면 그 다음에는 최적 대안을 수행할 수 있도록 조직을 해야 한다.

월터 라이트Walter Wright는 조직을, 계획을 실행하기 위해 구조와 자원을 제공하는 경영의 한 과정으로 정의하고 있다. 또한 조직은 완수할 과제를 확인하고 분류하여 각 과제를 특정한 사람에게 할당하는 것을 수반한다. 조직은 사명목표를 효과적으로 달성하는 데 필요한 인적 자원, 물리적 자원, 그리고 재무자원을 획득, 분배, 그리고 통제하는 것을 수반한다.

경영자 기능으로서 조직은 조직을 만들어 존재하게 하고 효과적인 활동을 위해 준비하게 한다. 그리고 조직은 계획기능과 충원기능의 연결을 형성하는 책임구조를 제공한다.

공식 조직과 비공식 조직 |

조직에는 공식 조직과 비공식 조직이 있다. 바나드Barnard는 두 사람 또는 그 이상이 주어진 목표를 향하여 의식적으로 조정할 때 그 조직을 '공식 조직' 이라고 말하고 있다. 그는 비록 공동의 결과에 기여할지라도 의식적인 공동의 목표가 없는 공동의 개인적 활동을 '비공식 조직' 으로 간주하였다. 바나드는 공식 조직의 본질은 의식적인 공동 목적이라는 사실을 발견하였다. 또한 그는 1) 사람들이 서로 의사소통을 할 수 있고, 2) 행동하려고 하고, 그리고 3) 하나의 목표를 공유할 때 공식 조직이 생긴다는 사실을 발견하였다.

효과적인 공식 조직의 설치를 위해서는 두 가지의 원리를 주의해야 한다. 하나는 목표의 단일성의 원리이다. 조직구조가 개인으로 하여금 기업의 목표를 달성하는 데 기여하는 것을 촉진한다면 그 구조는 효과적이라고 말할 수 있다. 물론 목표의 단일성의 원리가 적용되기 위해서는 공식화되고 이해된 기업목표가 존재해야 한다. 또 다른 하나는 '효율성의 원리' 이다. 만일 조직구조가 최소의 비용으로 목표달성을 이룰 수 있도록 도운다면 그 조직구조는 효율적이라 할 수 있다.

조직의 수준과 관리의 폭 |

조직을 하는 이유는 인간의 협력을 효과적으로 하기 위한 것이다. 또 한 경영자가 관리할 수 있는 폭의 한계로 인하여 조직의 여러 수준이 발생하게 된다. 달리 말하면, 한 경영자가 관리할 수 있는 부하의 수에 제한이 있기 때문에 결과적으로 조직의 수준이 존재하게 된다.

관리의 폭에 대한 문제는 출애굽기에 소개될 정도로 역사적으로 매우 오래되었다. 출애굽기에는 조직수준과 관리의 범위에 대한 상담 사례가 소개되고 있다. 모세의 장인 이드로는 그의 사위에게 지도자를 세워 그들에게 재판의 일을 위임할 것을 제안하고 있다.

"너는 또 온 백성 가운데서 능력 있는 사람들 곧 하나님을 두려워하며 진실하며 불의한 이익을 미워하는 자를 살펴서 백성 위에 세워 천부장과 백부장과 오십부장과 십부장을 삼아 그들이 때를 따라 백성을 재판하게 하라 큰 일은 모두 네게 가져갈 것이요 작은 일은 모두 그들이 스스로 재판할 것이니 그리하면 그들이 너와 함께 담당할 것인즉 일이 네게 쉬우리라" 출애굽기 18: 21-22.

이 사례는 관리의 폭에 대한 원리를 제시하고 있다. 한 지도자가 관리할 수 있는 폭은 10명에서 1,000명까지 가능하다는 것을 보여준다. 또한 이 사례는 경영컨설팅의 성경적 근거가 된다.

결국 모세는 장인의 말을 듣고 그 모든 말대로 하여 이스라엘 무리 중에서 능력 있는 사람들을 택하여 그들을 백성의 우두머리, 곧 천부장과 백부장과 오십부장과 십부장을 삼았다. 그리고 그들이 때를 따라 백성을 재판하되 어려운 일은 모세에게 가져오고 모든 작은 일은 스스로 재판하였기 때문에 모세와 백성이 모두 평안하였다.

기본적 부문화 방법

조직을 어떻게 부문화할 것인가? 이것은 기업이 처한 상황에 따라 다를 수 있다. 그러나 기업이 선택할 수 있는 기본적 부문화 방법에는 숫자에 의한 부문화, 시간에 의한 부문화, 기업 기능에 따른 부문화, 지역별 부문화, 제품별 부문화 등이 있다.

첫째, 단순히 사람 수에 의한 부문화가 있다. 이 방법은 부족이나 씨족, 그리고 군인 조직에 있어서 한때는 중요하게 사용되었다. 이스라엘은 12지파를 중심으로 부문화한 대표적인 예라 할 수 있다.

둘째, 시간에 의한 부문화가 있다. 가장 오래된 부문화의 한 형태로서 이는 시간에 기초해서 활동을 집단화한다. 이 부문화는 보통 조직의 낮은 수준에서 사용되고 있다. 정상적인 낮 근무시간만으로는 필요를 채우지 못할 경우 많은 기업에서 경제적 또는 기술적 이유로 2교대 근무제 또는 3교대 근무제를 사용하고 있다.

셋째, 기능에 따른 부문화가 있다. 기업의 기능에 따라 활동을 집단화하는 것은 오늘날에도 가장 광범위하게 사용되고 있는 부문화 방법이다. 이 방법은 기업의 고유기능이라 할 수 있는 생산, 판매, 재무, 인사, 회계 기능에 따라 부서를 나누어 생산부, 영업부, 재무부, 인사부, 그리고 회계부 등으로 부문화하고 있다.

넷째, 지역별 부문화가 있다. 많은 기업에서 영업활동을 지역적으로 조직하는 것이 경제적일 경우에 지역별 부문화 방법을 사용한다. 크게 해외 사업부와 국내 사업부로 나눌 수 있고 국내 사업부는 다시 경인지역 사업부, 영남지역 사업부, 충청지역 사업부 등으로 나누어 조직할 수 있다.

다섯째, 제품별 부문화 방법이 있다. 기업이 단일 제품이 아니라 여러 제품 라인을 생산할 때 사용될 수 있는 부문화가 제품별 부문화이다.

마지막으로, 프로젝트 또는 매트릭스 부문화 방법이 있다. 이 부문화 방법은 전통적인 기능별 부문화와 제품별 부문화를 결합한 것이라 할 수 있다. 변화가 심한 오늘날에는 프로젝트 부문화 또는 메트릭스 부문화가 많이 사용되고 있다. 느헤미야서에 소개되고 있는 예루살렘 성벽 재건 프로젝트는 조직부문화의 훌륭한 사례이다. 45개 지역에 걸쳐서 약 40여 명에 의해 진행된 예루살렘 성벽 재건 프로젝트는 방대한 공사였지만 탁월한 조직가인 느헤미야에 의해 성공적으로 완성되었다.

기본적 부문화 방법

- Departmentation by simple numbers

예 : tribes, clans, armies

- Departmentation by time

예 : 3교대, 2교대 등

- Departmentation by enterprize function

예 : 생산부, 인사부, 영업부, 재무부, 회계부, 국제부 등

- Departmentation by territory

- Departmentation by product

라인과 스태프

조직의 문제 가운데 하나는 권한의 종류와 관계가 있다. 한 조직구조에서 어떤 종류의 권한을 발견할 수 있는가? 이 문제는 조직 권한관계의 성격과 관련이 있다. 이것이 곧 라인과 스태프의 문제이다. 경영자에게 의사결정을 재량적으로 할 수 있는 권한이 주어지지 않는다면 조직의 목표달성을 위해 다른 부서와 화합하여 매끄럽게 일을 할 수 있는 부서단위가 될 수 없다.

라인과 스태프가 무엇인가에 대해서는 문헌상에서뿐만 아니라 경영자 사이에서도 많은 혼동이 있다. 결과적으로 아마도 경영 영역에서 이보다 더 어려움과 갈등, 시간과 효과를 야기한 부분은 없을 것이다.

가장 보편적으로 받아들여지고 있는 라인과 스태프의 개념구분은 이렇다. 라인 기능은 기업의 목표를 달성하는 데 직접적인 책임을 가지는 기능을 말한다. 이에 반해 스태프는 라인이 기업의 주된 목표를 가장 효과적으로 달성할 수 있도록 지원하는 조직의 요소를 말한다.

라인 권한의 성질은 상사가 부하 직원에게 직접적으로 명령하고 이들을 감독할 수 있는 관계를 가진다. 이에 반하여 스태프 관계의 성질은 명령의 권한이 아니라 단지 조언을 하는 권한을 가지게 된다.

Line	Line functions are those which have direct responsibility for accomplishing the objectives of the enterprise.
Staff	Staff refers to those elements of the organization that help the line to work most effectively in accomplishing the primary objectives of an enterprise.

성소의 설계와 조직 |

성경에 나타난 조직에 관한 좋은 예의 하나는 성소의 건축과 관련하여 출애굽기에서 찾을 수 있다. 모세가 사십 일 사십 야를 시내산에 있을 때 여호와께서 그에게 성소를 건축하도록 명령하셨다.

성소 건축의 목적을 출애굽기 25장 8절과 9절에서 찾을 수 있다.

"내가 그들 중에 거할 성소를 그들이 나를 위하여 짓되 무릇 내가 네게 보이는 모양대로 장막을 짓고 기구들도 그 모양을 따라 지을지니라."

여기서 성소의 건축 목적은 어디까지나 여호와를 위한 것이다. 그리고 성소를 건축할 사람은 이스라엘 백성이다. 건축에 대한 설계는 여호와께서 보여주신 패턴대로 지어야 한다. 이것이 경영자의 첫째 기능인 계획이 될 것이다.

경영자의 두 번째 기능이 조직이다. 성소 건축을 위해서는 무엇보다도 성소 건축에 필요한 재료를 준비하는 것이다. 준비할 예물에 대해서도 여호와께서 친히 구체적으로 지시하셨다. 이러한 내용은 기업 조직에서 행할 조직과는 많은 차이가 있다는 것을 발견할 수 있다.

"여호와께서 모세에게 말씀하여 이르시되
이스라엘 자손에게 명령하여 내게 예물을 가져오라 하고
기쁜 마음으로 내는 자가 내게 바치는 모든 것을 너희는 받을지니라
너희가 그들에게서 받을 예물은 이러하니 금과 은과 놋과
청색 자색 홍색 실과 가는 베 실과 염소 털과
붉은 물 들인 숫양의 가죽과 해달의 가죽과 조각목과
등유와 관유에 드는 향료와 분향할 향을 만들 향품과
호마노며 에봇과 흉패에 물릴 보석이니라" 출애굽기 25:1-7.

여호와께서 성소 건축에 필요한 물적자원을 준비하도록 말씀하신 후에 성소와 성소에 필요한 물건들을 만들 인적자원도 함께 지명하셨다는 사실도 주목할 필요가 있다. 출애굽기 31장 1절부터 11절까지를 보면 여호와께서 모세에게 브살렐과 오홀리압을 지명하여 부르시겠다고 말씀하셨다. 그리고 여호와께서 하나님의 영을 그들에게 충만하게 하여 지혜와 총명과 지식과 여러 가지 재주로 정교한 일을 연구하여 성소에 필요한 모든 품목을 만들도록 하시겠다고 말씀하셨다.

이스라엘의 군대조직 |

이스라엘 백성이 출애굽을 하여 가나안 땅을 향하여 진행할 때 보여준 야영조직과 진행조직은 좋은 군대조직사례의 하나라 할 수 있다. 민수기 2장 1절과 2절에 의하면 이스라엘 자손이 어떻게 진을 칠 것인지에 대해 여호와께서 지시하셨음을 볼 수 있다.

"여호와께서 모세와 아론에게 말씀하여 이르시되, 이스라엘 자손은 각각 자기의 진영의 군기와 자기의 조상의 가문의 기호 곁에 진을 치되 회막을 향하여 사방으로 치라."

이 말씀은 야영조직과 진행조직의 전반적인 조직원리를 가르쳐주고 있다.

첫째, 12지파가 동서남북 사방으로 진을 치도록 하고 있다. 둘째, 회막이 중심이 되도록 진을 치도록 하고 있다. 셋째, 각 지파는 자기 진영의 군기와 자기 조상의 가문의 기호 곁에 진을 치도록 되어 있다.

이스라엘의 행진조직을 보면 하나님께서 동쪽에는 유다지파, 잇사갈 지파, 그리고 스블론 지파가 제일 앞서 1대로 행진하도록 하셨다. 그리고 유다 자손의 지휘관은 나손, 잇사갈 자손의 지휘관은 느다넬, 그리고 스불론 자손의 지휘관은 엘리압을 각각 임명하셨다.❶

하나님께서 남쪽에는 르우벤 지파, 시므온 지파, 그리고 갓 지파가 제2대로 행진하도록 하셨다. 그리고 하나님께서 르우벤 자손의 지휘관은 엘리숱, 시므온 자손의 지휘관은 슬루미엘, 그리고 갓 자손의 지휘관은 엘리아삽을 각각 임명하셨다.❷

하나님께서 회막이 레위인의 진영과 함께 모든 진영의 중앙에 있도록 조직하셨다. 그리고 레위인은 2대 다음에 행진하되 그들의 진 친 순서대로 각 사람은 자기의 위치에서 자기들의 기를 따라 앞으로 행진하도록 하셨다.❸

하나님께서 서쪽에는 에브라임 지파의 군대, 므낫세 지파의 군대, 그리고 베냐민 지파의 군대가 제3대로 행진하도록 조직하셨다. 그리고 에브라임 자손의 지휘관은 엘리사마, 므낫세 자손의 지휘관은 가말리엘, 그리고 베냐민 자손의 지휘관은 아비단을 각각 임명하셨다.❹

마지막으로, 북쪽에는 단 지파의 군대, 아셀 지파의 군대, 그리고 납달리 지파의 군대가 4대로 행진하도록 조직하셨다. 그리고 단 자손의 지휘관은 아히에셀, 아셀 자손의 지휘관은 바기엘, 그리고 납달리 자손의 지휘관은 아히라를 각각 임명하셨다.❺

이것이 이스라엘 자손의 군대조직 내용이다. 모든 진영의 군인의 총계는 육십만 삼천오백오십 명이었다. 이스라엘 자손이 여호와께서 모세에게 명령하신 원리를 따라 그대로 부대조직을 갖추었다.

민수기 2장-4장, 10장

12지파의 전쟁 배치도

행진할 때 각 지파의 위치

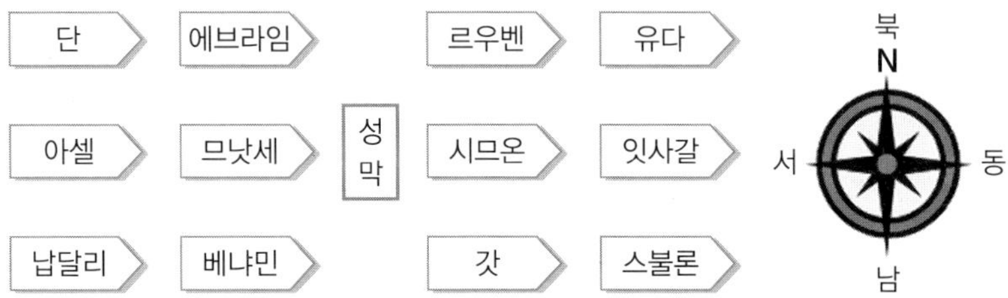

민수기 2장-4장, 10장

12지파의 야영 배치도

머무르고 있을 때 각 지파의 위치

☆ ⇒ 지도적인 지파를 가리킴.

교회조직의 원리

교회조직은 일반 조직과는 다르다. 그러나 교회조직을 통해서 조직원리를 배울 수 있다. 바울도 로마서에서 교회조직을 몸과 지체의 관계로 설명하고 있다.

"우리가 한 몸에 많은 지체를 가졌으나 모든 지체가 같은 기능을 가진 것이 아니니 이와 같이 우리 많은 사람이 그리스도 안에서 한 몸이 되어 서로 지체가 되었느니라" 로마서 12:4-5.

여기서 발견할 수 있는 조직원리는 세 가지이다. 첫째, 통일성의 원리이다. 몸은 여러 지체로 구성되어 있으나 하나의 목적을 위해 움직인다는 사실이다. 둘째, 다양성의 원리이다. 몸은 각기 다른 기능을 가진 여러 가지 지체로 구성되어 있다. 몸이란 시스템은 얼굴, 몸통, 팔과 다리 등 다양한 하부 시스템을 가지고 있다. 셋째, 상호의존성의 원리이다. 몸은 서로 다른 지체로 구성이 되어 있으나 각 지체는 독립적으로 활동하지 않고 서로 협력하는 상호의존적인 존재이다. 바울은 상호의존성에 대해 이렇게 말하고 있다.

"만일 발이 이르되 나는 손이 아니니 몸에 붙지 아니하였다 할지라도 이로써 몸에 붙지 아니한 것이 아니요" 고린도 전서 12:15.

몸으로부터 배울 수 있는 조직원리 |

사람의 몸은 신비로운 조직임이 틀림없다. 다윗은 몸의 조직에 대해 시편 139편 13절과 14절에서 이렇게 노래하고 있다. "주께서 내 내장을 지으시며 나의 모태에서 나를 만드셨나이다 내가 주께 감사하옴은 나를 지으심이 심히 기묘하심이라 주께서 하시는 일이 기이함을 내

영혼이 잘 아나이다."

우리가 몸의 조직을 잘 연구하면 훌륭한 조직원리를 많이 발견할 수 있을 것이다. 특히 고린도 전서 12장 12절부터 31절까지의 말씀은 교회조직의 원리를 잘 정리하고 있는 것 같다.

"몸은 하나인데 많은 지체가 있고 몸의 지체가 많으나 한 몸임과 같이 그리스도도 그러하니라" 고린도 전서 12:12.

우리 몸의 지체 가운데 불필요한 것이 없듯이 교회의 여러 지체들은 모두가 긴요하다. 바울은 이에 대해 이렇게 설명하고 있다. "눈이 손더러 내가 너를 쓸 데가 없다 하거나 또한 머리가 발더러 내가 너를 쓸 데가 없다 하지 못하리라" 고린도 전서 12:21.

04
정리를 위한 토론 문제

1. 공식 조직과 비공식 조직을 어떻게 구분합니까? 또 기업에서 공식 조직과 비공식 조직의 예를 하나씩 들고 설명해 봅시다.

2. 출애굽기 18장 13절부터 27절까지를 읽고 조직원리를 발견하여 설명해 봅시다. 또 여기서 발견할 수 있는 다른 경영의 원리(위임의 원리, 컨설팅의 원리, 예외의 원리 등)를 찾아 정리해 봅시다.

3. 오늘날 기업에서 가장 많이 사용하고 있는 부문화 방법을 이 장에 나열하고 있는 것 중에서 하나를 택하여 설명해 봅시다. 또 이 부문화 방법이 어떤 경우에 많이 사용되고 있는지 말해 봅시다.

4. 민수기 2장을 읽고 이스라엘 군대조직의 원리와 내용을 설명해 봅시다. 또 행진조직과 야영조직의 조직도를 그려 봅시다.

5. 이 장에서 설명하고 있는 교회조직의 세 원리를 당신 자신의 말로 설명해 봅시다. 이 세 가지 원리를 기업조직이나 다른 조직에도 적용할 수 있다고 생각합니까? 왜 그렇게 생각합니까?

05
충원기능과 성경적 충원원리

"너는 또 온 백성 가운데서 능력 있는 사람들 곧 하나님을 두려워하며 진실하며 불의한 이익을 미워하는 자를 살펴서 백성 위에 세워 천부장과 백부장과 오십부장과 십부장을 삼아"

출애굽기 18:21.

But select capable men from all the people -- men who fear God, trustworthy men who hate dishonest gain -- and appoint them as officials over thousands, hundreds, fifties and tens.

충원은 경영자가 수행해야 할 세 번째 경영기능이다. 충원이란 계획을 추진하는 데 필요한 인적자원, 즉 재능과 기술을 제공하는 관리과정이다. 조직기능이 기업의 목표를 수행하는 데 필요한 과업들을 확인하고 분류하는 일이라면 충원은 분류된 과업을 실행할 사람을 준비하는 기능이다.

전통적으로 충원은 인적자원계획, 인사정책개발, 채용, 성과평가, 경력개발, 그리고 보상관리의 여섯 가지 기능을 수반한다.

인적자원계획

인적자원계획은 조직의 경영활동을 수행하는 데 필요한 인원에 대한 수요를 확인하고 계획하는 것을 말한다. 또한 인적자원계획은 미래지향적이다. 이것은 인적자원계획이 미래를 향한 인적자원의 예측이어야 하기 때문이다.

계획이 중요한 것처럼 인적자원계획도 중요하다. 이것은 개인적 차원에서도 중요하고 조직차원에서도 중요하다. 인적자원계획이 각 개인에게 중요한 것은 이 계획이 개인의 잠재능력과 기술을 개발하도록 지원하기 때문이다. 인적자원계획이 조직에 있어서 중요한 것은 이것이 조직의 효율성과 생산성을 결정하기 때문이다.

경영자의 업무가 힘든 일인데도 불구하고 많은 사람들이 경영자가 되기를 원하는 이유에는 세 가지가 있다. 첫째, 경영자가 되면 경영상의 다양한 경험을 할 수 있기 때문에 CEO가 되기를 원하는 후보자에게는 자신의 경력관리에 좋은 기회가 된다. 둘째, 경영자에 대한 금전적 보상이 매력적이다. 경영자는 기업에 기여한 만큼 보상을 받기를 원한다. 셋째, 경영자에게는 여러 가지 권력이 주어진다.

Human Resource Planning

⇒ 조직의 경영활동을 수행하는 데 필요한 인원에 대한 수요를 확인하고 계획

경영업무가 힘든 일인데도 경영자가 되기를 원하는 이유 세 가지

1. 경력관리에 좋은 기회가 됨.
2. 금전적 보상이 매력적임.
3. 여러 가지 권력이 주어짐.

인사정책개발 |

인사정책개발은 조직의 인력을 보호하고 양육하는 여러 가지 절차를 수립하는 일이다. 인사정책은 상위수준의 인사관리 활동계획으로서 인사관리활동의 기본원칙 또는 방향을 말한다. 인사정책은 인사방침이라고도 하는데 이는 어떤 목적을 달성하기 위한 원칙적인 행동방향을 뜻하며, 실제적인 인사결정을 하는 데 있어서 판단의 기준이 된다.

인사정책은 인사 철학을 구체화시킨 인사활동의 지도원리로 볼 수 있다. 인사정책을 예로 들어보자. 전반적인 정책으로 공정성 원칙이 있다. 또 인사활동의 의사결정 원칙으로 능력주의, 연공주의, 업적주의가 있다.

이러한 인사정책은 고용, 개발, 보상 등 인적자원관리의 지도지침이 되기 때문에 바른 인사정책을 개발하는 것이 매우 중요하다. 예컨대, 능력주의 인사정책을 채택하는 경우 선발, 개발, 평가, 보상, 해고 등이 능력을 기준으로 이루어진다.

채용Employment |

채용은 조직을 구성할 인력에 대한 모집, 선발, 오리엔테이션, 배치, 승진의 연속적인 활동이다. 모집은 조직이 인력소요를 충당하기 위하여 조직 외부로부터 지원자를 식별하고 유인하는 과정이다.❶ 모집은 인적자원계획과 선발 사이를 연결하는 중간적 활동이다.

그런데 모집은 조직에게만 중요한 것은 아니다. 지원자는 조직에 대한 정확한 정보를 요구하며, 반면에 조직은 직원에 대한 정확한 정보를 제공받을 필요가 있다는 점에서 모집은 쌍방적 의사소통과정이라고 할 수 있다.

모집을 통해 지원자가 창출된다. 지원자가 창출되고 나면 지원자에 대한 채용여부를 결정하여야 한다. 지원자의 채용여부를 결정하는 과정이 바로 선발이다. 선발은 경제적으로나 전략적으로나 조직에 심각한 영향을 미치므로 선발의 의사결정은 신중하게 이루어져야 한다. 조직은 선발결정을 하는 데 있어서 시험, 지원서, 면접, 그리고 직무경험 등과 같은 다양한 선발도구를 사용한다.

선발과정이 끝나면 그 다음은 근무부서에 배치하기에 앞서서 오리엔테이션을 받게 한다. 이 오리엔테이션은 선발된 인원이 조직에 잘 적응할 수 있도록 기본적인 조직문화에 대한 교육을 시키는 활동이다.

기업이 필요한 인력을 선발하는 것은 기업의 성패에 있어서 매우 중요하다. 성경이 제시하는 선발기준과 방법은 무엇인가? 한마디로 능력 있는 사람들을 선발해야 한다는 것이다.[2] 여기서 유능한 사람은 하나님을 두려워하며 진실하며 불의한 이익을 미워하는 자를 말한다. 모세는 장인 이드로의 상담을 받아 이러한 자격을 갖춘 사람들을 천부장과 백부장과 오십부장과 십부장으로 선발하였다.

또 다른 하나님의 선발방법을 사사기에서 찾아볼 수 있다. 기드온이 미디안 사람을 치러 갈 때에 용사를 선발하는 과정이 두 단계로 이루어진 것을 알 수 있다. 일차적으로 32,000명 용사 가운데서 10,000명을 선발하였다. 이때 선발기준은 두려워서 떠는 자는 집으로 돌려보내는 것이었다.

"이제 너는 백성의 귀에 외쳐 이르기를 누구든지 두려워 떠는 자는 길르앗 산을 떠나 돌아가라 하라 하시니 이에 돌아간 백성이 이만 이천 명이요 남은 자가 만 명이었더라" 사사기 7:3.

이차적인 선발기준은 매우 특이하였다. 하나님은 손으로 움켜 입에 대고 핥는 자를 기드온과 함께 전쟁에 참여하는 자로 선발하도록 하셨다. 무릎을 꿇고 물을 마신자 9,700명은 선발되지 못했다.

솔로몬은 고용에 대해 아주 단순하게 가르쳐주고 있다. "장인이 온갖 것을 만들지라도 미련한 자를 고용하는 것은 지나가는 행인을 고용함과 같으니라" 잠언 26:10. 이것은 어리석은 자나 지나가는 행인을 채용하는 것은 기업조직에 많은 해를 끼칠 수 있다는 것을 암시하는 말이다.

Employment

조직을 구성할 인력을 모집, 선발, 오리엔테이션, 배치, 승진

모집, 선발

오리엔테이션

배치

승진

성과평가 |

성과평가는 조직의 내부에서 업무의 성과를 평가해서 그들로 하여금 계속 성장하도록 도우는 일이다. 조직은 조직구성원의 행동과 업무결과를 통하여 경쟁우위를 달성한다.❸ 따라서 모든 조직은 조직구성원의 행동과 업무결과를 관리할 수 있어야 하며 구성원들의 행동과 업무결과가 조직의 목표달성에 기여하여야 한다. 이런 의미에서 성과는 각 조직구성원이 직무책임을 얼마나 효과적으로 수행했는가를 말한다.

성과평가 또는 인사평가기법은 먼저 성과기준이 상대적인가 아니면 절대적인가에 따라 구분할 수 있다.❹ 절대평가는 직무의 성과요건 또는 기준에 따라 종업원을 평가하는 방법이며, 상대평가는 동료와 비교해서 평가하는 기법이다.

또 상대적 인사평가기법에는 서열법과 강제배분법이 있고 절대적 인사평가기법에는 특성척도법, 행위기준척도법, 에세이 작성법, 그리고 목표관리MBO❺가 있다.

경력개발 |

경력개발은 경영자의 개인적 및 직업적 개발을 장려하기 위해 그들을 지원하고 훈련시키는 일이다. 경력개발과 경력관리는 인적자원부서만의 관심사는 아니다.❻ 경영자도 종업원도 자신들의 경력개발을 위해서 관심을 가져야 한다. 그러나 개별 종업원들은 자신과 조직에 유리한 방향으로 체계적으로 경력계획을 세우는 데 필요한 노력이나 정보가 부족하다. 이런 의미에서 조직은 개인이 효과적으로 경력계획을 세우고 실천할 수 있도록 정보를 제공하는 데 관심을 기울여야 한다.

경력은 열망을 추구하려는 개인의 선택과 조직목표를 달성하기 위한 기회를 제공하는 조직의 상호작용을 통하여 개발된다. 경력은 개인과 조직의 상호작용에 의해서 영향을 받기 때문에 개인과 조직은 함께 경력을 관리하는 데 있어서 일정한 역할을 수행하여야 한다.

그런데 경력이란 용어는 다양한 의미로 사용된다. 그린아우어 Greenhour는 경력을 다음과 같이 간단히 정의하고 있다.

"경력이란 개인의 인생에 있어서 일과 관련된 경험(예를 들면, 직책, 의무, 의사결정 및 일과 관련된 사건에 대한 개인적 해석) 및 활동의 유형이다."

보상관리

보상관리는 경영자의 일과 헌신에 대한 보상으로 급여와 복지를 제공하는 활동이다. 보상은 지원자를 유인하고, 조직 구성원을 유지하고, 사용자의 능력에 직접적 영향을 미치는 전략적 분야 중 하나이다.❼

보상은 사용자나 종업원 모두에게 민감한 이슈이다. 사용자에게 보상은 생산비의 상당한 부분을 차지하는 것이면서 종업원의 행위와 태도에 많은 영향을 미친다. 반면에 종업원에게는 이 보상이 경제적 및 심리적 소득의 원천이 된다. 따라서 사용자는 조직 구성원이 만족하고, 성공적으로 업무를 수행하고 조직에 계속 남아 있도록 경제적 보상을 사용하여야 한다.

조직의 보상시스템의 결정은 직무만족, 성과, 신규 종업원 유인 및 기존 종업원 유지 등과 같은 인적자원결과에 지대한 영향을 미친다. 조직이 적합한 보상시스템을 설계하기 위하여 선택할 수 있는 전략적 변수에는 임금형태, 임금수준, 임금체계, 그리고 임금관리가 있다. 이 전략적 변수 가운데 일부를 간단히 살펴보자.

임금형태 |

종업원들은 노동의 대가로 다양한 형태의 보상을 받는다. 종업원이 받는 총 보상은 경제적 보상과 비경제적 보상으로 이루어져 있다. 먼저 경제적 보상은 직접임금direct pay과 간접임금indirect pay으로 구성된다. 임금, 보너스, 그리고 커미션 등의 형태로 개인이 받는 경제적 보상을 직접임금이라 한다. 복지후생이라고도 불리는 간접임금에는 연금, 건강보험, 그리고 유급휴일이나 휴가가 있다. 비경제적 보상은 직무 그 자체로부터 유래하는 만족과 심리적, 물리적 작업환경에 대한 만족으로 구성되어 있다.

임금수준 |

임금수준이란 사용자가 지불하는 임률의 평균을 의미한다. 기업이 임금수준을 결정할 때에는 단지 임금수준뿐만 아니라 경력개발기회, 도전적 직무제공 등 비경제적 요인과 보너스, 주식옵션, 복지후생 등

임금형태의 믹스도 고려하여야 한다. 어떤 기업은 낮은 임금과 폭넓은 복지후생을 제공하고 있는 반면에 다른 기업은 복지후생의 비중이 낮고 높은 임금을 지불할 수 있다.

일반적으로 기업이 임금수준을 결정하는 데는 시장 임금수준을 선도하거나, 이에 상응하거나, 또는 지연하는 세 가지 방법을 사용하게 된다. 선도정책은 유능한 종업원을 유인하여 유지하고자 하며 동시에 임금에 대한 종업원의 불만족을 최소화하려는 정책이다.

지연정책은 신규 종업원을 유인하는 데 부정적 영향을 끼칠 수 있다. 그러나 주식옵션과 같은 미래의 높은 보상을 전제로 낮은 임금을 지불한다면 이것이 조직에 대한 몰입과 팀워크를 강화시켜 오히려 생산성 증대와 같은 긍정적 영향을 꾀할 수도 있다.

임금수준을 결정하는 데 있어서 가장 널리 쓰이는 정책은 경쟁 기업의 수준을 지급하는 상응정책이다. 대부분의 경영자들은 선도정책이나 지연정책보다도 상응정책을 정당화하고 있는 것 같다.

임금구조 |

임금구조란 단일 조직 내의 작업 또는 기술에 따른 임률의 배열을 의미한다. 다시 말하면 임금구조란 직급 또는 자격등급간 임금의 차이에 초점을 두고 있다. 임금수준이 외부 노동시장을 고려한 것이라면 임금구조는 내부 노동시장에 초점을 맞추고 있다. 내부노동시장이란 단일 조직 내에서 서로 다른 직무에 종업원을 배분하는 규칙과 절차를 말한다.

임금구조를 수립하기 위해서는 직무의 상대적 가치를 평가해야 한다. 직무의 상대적 가치를 결정하는 과정을 직무평가라 한다. 직무평가를 한 결과로 직무구조를 수립할 수 있다. 기업이 임금수준에다 각 직무마다 얼마의 임금을 지불할 것인가를 결정하게 된다. 이렇게 하여 나온 결과가 임금구조이다.

임금구조를 결정하는 기준에는 직무급, 연공급 등이 있다. 직무급은 직무평가에 의해 평정된 각 직무의 상대적 가치에 의해 임금을 결정하는 시스템이다. 연공급은 종업원이 회사 또는 직무에 종사한 기간, 즉 연공에 기초하여 임금을 결정하는 시스템이다. 일반적으로 경영진은 성과에 근거하여 임금을 인상하는 것을 선호하지만, 노동조합은 연공을 선호하는 경향이 있다.

인간의 창의성 |

경영자의 계획기능이나 조직기능이 주로 일에 초점을 맞추고 있다면 충원은 주로 사람과 관계가 많은 경영자의 기능이다. 따라서 경영자가 충원기능을 잘 수행하기 위해서는 무엇보다도 성경적 인간관을 가지는 것이 중요하다.

창세기 저자는 사람의 창조에 대해 이렇게 기록하고 있다.

"하나님이 이르시되 우리의 형상을 따라 우리의 모양대로 우리가 사람을 만들고 그들로 바다의 물고기와 하늘의 새와 가축과 온 땅과 땅에 기는 모든 것을 다스리게 하자 하시고 하나님이 자기 형상 곧 하나님의 형상대로 사람을 창조하시되 남자와 여자를 창조하시고" 창세기 1:26-27.

여기서 우리가 주목할 수 있는 것은 사람은 하나님의 피조물이라는 것이다. 또한 사람은 하나님이 특별히 창조한 피조물이라는 사실이다. 왜냐하면 사람은 하나님의 형상을 따라 지어진 존재이기 때문이다. 이 말씀에 의하면 인간은 하나님의 인격과 성품을 따라 지어졌다. 즉, 하나님이 의롭고 거룩하시기 때문에 사람도 의롭고 거룩한 존재로 창조되었다는 뜻이다.

무엇보다도 사람은 전능하신 하나님의 속성과 같이 능력이 탁월한 존재로 지어졌다. 특히 아담이 타락하기 이전에는 뛰어난 창의력을 가지고 있었다. 아담은 수많은 각종의 들짐승과 각종 새의 이름을 일일이 지을 만큼 지적 능력이 탁월하였다. 또 하나님께서 브살렐과 오홀리압에게는 지식과 재능을 주셔서 성전건축에 필요한 재료를 정교하게 만들게 하셨다.

교육과 개발의 대리인

훈련과 개발에 대한 성경적 관점은 무엇일까? 기업은 하나님의 교육과 개발의 대리인이라 할 수 있다. 우리가 경영자의 지위에서 봉사하게 된다면 일을 보람있고 창조적이 되도록 설계할 필요가 있다.

하나님께서 사람에게 재능을 주셨지만 그것을 개발하는 것은 사람의 책임이다. 기업은 종업원이 자신의 재능을 최대한 개발할 수 있도록 지원하여야 한다.

마태복음 25장에 나오는 달란트 비유는 하나님이 주신 달란트에 대한 우리의 책임을 강조하고 있다. 이 비유에서 주인은 종들에게 일정액의 돈을 맡기고 먼 나라로 여행을 떠났다.

주인이 돌아와서 결산을 할 때 다섯 달란트와 두 달란트를 받은 종은 그것을 가지고 열심히 장사한 결과 동일한 자본을 이익으로 남겼기 때문에 주인으로부터 칭찬을 받았다. 그러나 한 달란트 받은 종은 그것을 땅에 파묻어 두고 적극적으로 활용하지 않았기 때문에 주인으로부터 책망을 받았다.

이 비유가 우리에게 주는 교훈은 무엇인가? 우리는 받은 재능을 사장시키거나 낭비하지 말고 그것을 최대한 활용해야 한다는 것이다. 우리는 우리의 재능 사용에 있어서 재량권을 부여받았지만 하나님은 우리의 개인적인 오락이나 정체성을 위해 그것을 주시지는 않았다. 우리의 재능은 다른 사람들에게 유익하게 사용해야 한다.

올바른 채용전략 |

성경의 관점에서 올바른 채용전략은 무엇인가? 모든 사람은 일할 자격이 있기 때문에 고용의 기회를 박탈하거나 차별을 하지 말아야 한다. 하나님이 아담과 하와를 창조하셨을 때, 그들에게 에덴동산을 돌보는 일을 주셨다.

"여호와 하나님이 그 사람을 이끌어 에덴 동산에 두어 그것을 경작하며 지키게 하시고" 창세기 2:15.

노동이란 인간의 삶에 있어서 자연스럽고 중요한 일부분임이 틀림없다. 하나님께서 6일 동안 천지와 만물을 창조하시고 제칠일에 안식하신 것처럼 우리도 6일 동안은 열심히 일을 해야 한다. 우리는 기업에서 일을 통해서 창의성을 발휘할 수 있다. 또 우리가 우리 자신과 다른 사람에게 유익한 제품을 생산하고 서비스를 제공하는 것도 기업에서 하는 일을 통해서 가능하다.

IMF 외환위기나 최근 전 세계적으로 발생하고 있는 경제위기는 많은 사람들의 일자리를 잃게 만들었다. 경기가 정상적일 때에도 일할 기회를 부정하거나 차별을 해서는 안 된다. 특히 인종차별, 성차별, 장애인에 대한 차별, 그리고 나이에 의한 차별을 없애야 한다.

모든 사회에는 어느 정도의 인종차별이 있다. 최근까지도 남아프리카 공화국은 백인들을 위해서만 제공되는 특정 수준 이상의 직업체계를 가지고 있었다. 하나님은 모든 사람이 의미있고 생산적인 일을 하기를 원하시고 생산자원에 접근할 수 있기를 바라신다. 따라서 우리는 직장에서 채용에 있어서나 급여에 있어서 인종차별을 해서는 안 된다.

성차별도 여자들의 노동기회를 제한한다. 남자와 여자는 의미있고 생산적인 일을 할 수 있도록 동일하게 창조되었다는 사실을 기억할 필요가 있다.❽

성경은 여러 가지 노동상황에서 전통을 거부하는 경건한 여인들을 보여주고 있다.❾ 자주장사 루디아는 아주 영향력이 있는 상인이었다. 또 드보라는 사사였다. 바울은 예수 안에서 남녀가 따로 없다고 말하였다.

"너희는 유대인이나 헬라인이나 종이나 자유인이나 남자나 여자나 다 그리스도 예수 안에서 하나이니라" 갈라디아 3:28.

장애인들도 유명한 운동선수나 축제의 여왕과 마찬가지로 하나님의 형상으로 창조되었다. 그럼에도 불구하고 신체적 장애와 정신적 장애로 인해 많은 장애인들이 직장을 구하는 데 차별을 받고 있다. 장애인들을 고용하면 생산성이 떨어지고 그들은 일하기를 원치 않는다는 근거 없는 가정으로 인하여 차별을 받고 있다.

연령차별은 나이가 많은 사람들이 노동시장에서 겪는, 당면하고 있는 문제이다. 최근에 나이에 의한 차별이 점점 철폐되어가는 경향이 있기는 하지만 여전히 우리 사회에서 큰 문제로 대두되고 있다. 경영자는 가장 생산적인 젊은 시절에 회사를 위해 충성을 다한 종업원에 대해서 특별한 의무를 가져야 한다. 기업은 장기 근속자들을 성실하게 대함으로써 그들의 성실성에 대해 보상해줘야 한다.

왜 우리는 이와 같은 차별을 하지 말아야 하는가? 이를 뒷받침하는 증거로 두 가지 이유가 있다. 첫째, 도덕적 이유로, 사람은 하나님의 형상으로 창조되었기 때문에 생산적인 일을 할 책임이 있다는 사실에 근거해야 한다. 둘째, 경제적인 이유로, 다음과 같은 예를 들어 설명할 수 있다.

어느 해 겨울, 폭풍이 아틀란타 시를 마비시켰을 때 미국의 모텔 체인인 데이즈 인 예약센터는 종업원들에게 출퇴근 교통편을 제공하는 정책을 실행에 옮겼다. 흥미롭게도 도움을 청한 직원들은 '젊고 유능한 사람들' 이었다. 나이 든 종업원들과 휠체어가 필요한 종업원들은 모두 그들 자신의 능력으로 출근을 하였다.

이 체인의 경험은 나이가 많거나 장애가 있는 사람들에 대한 차별적 고용에 대한 편견을 없애는 데 도움을 준다. 또 이 모텔 체인의 주말 결근율이, 젊은 사람은 40% 이상이었으나 나이가 많고 장애가 있는 사람의 경우 0%였다.

05
정리를 위한
토론 문제

1. 충원기능은 경영자의 몇 번째 관리과정입니까? 또 전통적으로 충원은 어떤 기능을 말하는지 말해 봅시다.

2. 채용이란 무엇인지 설명하고 성경이 제시하는 선발기준과 원리는 무엇인지 말해 봅시다. 또 근거가 되는 말씀을 제시해 봅시다.

3. 일반적으로 기업이 임금수준을 결정하는 데는 시장 임금수준을 선도하거나(선도정책), 이에 상응하거나(상응정책), 또는 지연하는(지연정책) 세 가지 방법을 사용하게 됩니다. 이 세 가지 정책을 간단히 설명한 후에 어느 정책이 가장 좋은지 당신의 의견을 제시해 봅시다.

4. "기업은 하나님의 교육과 개발의 대리인"이라는 의미가 무엇인지 설명해 봅시다. 또 당신이 기업의 교육과 개발을 맡은 경영자라면 달란트 비유에 기초해서 개발에 대한 바른 자세를 발견하고 실제 어떻게 적용할 수 있는지 말해 봅시다.

5. 우리 사회의 고용상의 차별현상을 말해 봅시다. 또 고용에 있어서 인종차별, 성차별, 장애인에 대한 차별, 그리고 나이에 의한 차별을 없애야 하는 이유를 제시해 봅시다.

06

지휘기능과 성경적 리더십

"너희 중에 누구든지 크고자 하는 자는 너희를 섬기는 자가 되고 너희 중에 누구든지 으뜸이 되고자 하는 자는 너희의 종이 되어야 하리라"마태복음 20:26-27.

Instead, whoever wants to become great among you must be your servant, and whoever wants to be first must be your slave.

기업이 목표를 달성하기 위하여 계획을 수립하고 이를 실행하기 위해 조직이 갖춰지고 충원이 이루어진 다음에 경영자는 지휘기능을 수행하게 된다. 그런데 지휘란 무엇을 말하는가? 지휘는 주어진 일을 맡은 부하 직원들이 조직의 목표를 달성할 수 있는 방향으로 노력할 수 있도록 동기유발을 하고 지도하고 감독하면서 영향력을 행사하는 행위이다.

아무리 경영자가 계획을 잘 수립하고 조직을 훌륭하게 하고 그 일에 맞는 구성원을 충원하더라도 그 조직구성원이 자신이 가진 기능을 최대한 잘 발휘할 수 있도록 지휘기능을 제대로 수행하지 못하면 조직의 성과가 낮거나 아니면 실패할 수밖에 없다.

이와 같이 중요한 지휘기능을 효율적으로 하기 위해서는 사람을 잘 이해하고 동기부여를 잘 할 필요가 있다. 또한 경영자가 리더십을 잘 발휘해야 한다.

인간모형 |

'기업은 곧 사람이다' 라는 말이 있다. 이것은 기업에 있어서 사람의 중요성을 강조한 말이다. 그런데 사람은 매우 복잡하고 이해가 쉽지 않다. 기업경영에 있어서 사람을 어떻게 이해하는 것이 좋은가? 샤인Schein은 사람에 대해 네 가지 개념으로 설명하고 있다. 첫째가 '합리적, 경제적 인간' rational-economic man이다. 이것은 사람은 본질적으로 소극적이기 때문에 조직이 동기부여를 하고 통제해야 한다는 입장이다. 두 번째 개념은 '사회적 인간' social man이다. 이 개념은 사람은 단순히 합리성을 추구하는 기계적인 측면만 있는 것이 아니라 사회적인 측면, 즉 감정적 측면도 있다는 것을 강조하고 있다. 셋째, 자아실현적 인간self-actualizing man이다. 이 개념은 사람의 동기는 여러 가지 계층의 욕구에 의해 구성되어 있지만 최고의 욕구는 자아실현의 욕구라고 가정한다. 그리고 마지막으로, '복잡한 인간' complex man이다. 이 인간관은 샤인 자신이 제안하는 인간모형이라 할 수 있다. 그는 사람은 단순하지 않고 매우 복잡하고 변동성이 높으며 다양한 동기를 가지고 있다고 가정하고 있다.

기업의 사회적 측면

맥그레고르McGregor는 인간에 대하여 두 가지 관점을 제시하고 있다. X 이론과 Y 이론이다. 먼저, X 이론은 인간의 성질에 대해 다음과 같은 몇 가지 가정을 하고 있다.

- 보통의 인간은 일을 싫어하고 가능하면 일을 회피하려고 할 것이다.
- 인간이 일을 싫어하는 특성 때문에 대부분의 사람들은 조직의 목표달성을 위해 강압적으로 통제하고 지시해야 하며 경우에 따라서는 벌로써 위협을 해야 한다.
- 보통의 인간은 지휘받기를 선호하며 책임을 회피하기를 원한다. 또 보통의 사람은 상대적으로 거의 포부가 없으며 무엇보다도 안정을 원한다.

이에 대하여 Y 이론은 다음과 같이 가정을 하고 있다.

- 인간에게 일은 놀이나 휴식과 같이 자연스러운 것이다.
- 외부통제와 벌의 위협이 조직의 목표달성을 위한 유일한 수단이 아니다. 사람들은 목표달성을 위해 자기 지휘나 자기 통제를 행사하고자 한다.
- 목표에 대한 헌신은 성취와 관련된 보상의 함수이다.
- 보통 사람은 적절한 조건하에서 책임을 수용하는 것을 배우고 책임을 추구하는 것을 학습한다.
- 조직의 문제를 해결하기 위해 높은 수준의 상상력을 행사하고자 하는 능력, 창의성이 조직구성원 전체에 넓게 분포되어 있다.

성경은 X 이론과 Y 이론 어느 쪽을 더 지지하고 있는가? 인간에게는 이 두 이론의 특성이 다 있는 것 같다. 인간이 타락하기 전에는 Y 이론의 가정이 더 맞는 것 같지만 타락 이후에는 X 이론의 가정이 더 맞는 것 같다.

동기부여이론 |

동기부여를 시키는 기본적인 요인은 의식적으로 느끼든 그렇지 않든 욕구에 기초하고 있다. 동기부여에 관한 이론은 크게 두 가지로 나눌 수 있다.[1] 첫째, 욕구와 관련해서 어떤 요인이 동기부여를 시키는가를 설명하는 이론으로 이를 동기부여의 내용이론content theory이라 한다. 둘째, 어떠한 과정을 거쳐서 동기부여가 이루어지는가를 설명하는 이론으로 이를 과정이론process theory이라 한다.

동기부여의 내용이론으로는 매슬로Maslow의 욕구단계이론, 앨더퍼Alderfer의 ERG 이론, 허쯔버그Herzberg의 2요인 이론, 그리고 맥클레란드McClelland의 성취욕구 이론 등이 있다. 과정이론에는 브룸Vroom의 기대 이론, 아담스Adams의 공정성 이론, 그리고 포터Porter와 롤러Lawler의 기대 이론이 대표적이다.

욕구단계이론 |

먼저, 동기부여이론으로 가장 많이 알려진 이론인 매슬로의 욕구단계이론부터 살펴보자. 매슬로는 인간의 욕구는 가장 낮은 계층의 욕구에서 출발하여 가장 높은 욕구에 이르는 일련의 계층을 형성하며 이러한 욕구계층은 다섯 단계로 구분된다고 보았다. 1단계의 욕구는 생리적 욕구로, 마시고 먹고 입고자 하는 가장 기본적인 욕구를 말한다.

사람은 생리적 욕구가 충족되면 안전과 안정에 대한 욕구에 관심을 가지는데 이것이 2단계의 욕구이다. 이 욕구는 신체적 위험이나 심리적 위협에 대한 공포로부터 벗어나고자 하는 욕구이다. 안전한 작업환경, 직무안정, 그리고 경제적 안정에 대한 욕구가 이에 해당한다.

소속의 욕구 또는 사회적 욕구가 3단계의 욕구이다. 이것은 집단에 소속하여 다른 사람과 친하게 지내며 사랑을 하고자 하는 욕구이다. 이런 의미에서 이것을 애정의 욕구라 부르기도 한다.

사회적 욕구가 만족되면 다른 사람들로부터 존경을 받고자 하는 욕구가 나타난다. 즉 4단계의 욕구가 발생한다.

그리고 존경의 욕구가 충족되면 자기실현욕구가 나타난다. 이것이 가장 고차원적인 욕구로서 자신의 잠재능력을 극대화하여 성장하고자 하는 욕구이다.

ERG 이론

ERG 이론은 매슬로의 욕구단계이론이 가지고 있는 문제점을 극복하고자 앨더퍼가 제시한 수정이론이라 할 수 있다. 그는 인간의 욕구를 세 계층, 즉 존재욕구, 관계욕구, 그리고 성장욕구로 나누었다.

존재욕구는 매슬로의 생리적 욕구와 물질적 욕구를 포함한다. 관계욕구는 직장에서 타인과의 관계와 관련된 모든 욕구를 말하며, 이것은 매슬로의 사회적 욕구에 해당한다. 그리고 성장욕구는 개인의 능력개발이나 창의성, 성취감 등과 같이 성장하기 위한 노력과 관련된 모든 욕구로서 매슬로의 존경의 욕구와 자기실현욕구에 해당한다.

2요인 이론

허쯔버그의 위생-동기 요인이론에 의하면 종업원이 자신의 직무와 관련하여 만족했던 요인들과 불만을 가졌던 요인들에 관한 연구를 한 결과 크게 두 가지의 범주를 발견하였다. 그는 전자를 동기요인으로 불렀고 후자를 불만족요인 또는 위생요인으로 불렀다.

만족요인으로는 성취, 인정, 도전적인 일, 승진, 직무에서의 성장이 확인되었고 불만족요인으로는 회사정책, 감독, 작업환경, 인간관계, 급여, 신분 등이 확인되었다. 이 이론에 따르면 위생요인은 불만족을 없앨 수는 있지만 성과의 향상을 가져오게 할 수는 없다. 성과의 향상은 동기요인을 통해서만 가능하다.

동기요인	위생요인
성취감	회사정책
인정	감독
도전적인 일	작업환경
승진	인간관계
직무에서의 성장	급여 및 신분

허쯔버그의 2요인 이론에 의하면, 경영자가 불만족요인을 제거하는 것은 작업현장의 안정을 가져오는 데는 유익하지만 이것 자체가 직접적으로 조직구성원의 동기유발을 가져오지는 않는다는 것이다. 보

다 직접적으로 동기유발에 도움이 되는 것은 직무 자체에서 오는 만족 요인을 극대화하는 것이다.

성취욕구이론 |

맥클레란드에 의하면 사람의 기본적인 동기욕구에는 세 가지가 있다. 즉, 권력욕구, 소속욕구, 그리고 성취욕구이다.

권력욕구need for power는 타인에게 영향을 미치거나 통제하고 경쟁하고 권한을 행사하고자 하는 욕구를 말한다. 권력에 대한 욕구가 높은 사람은 타인을 자기가 바라는 대로 행동하도록 하려는 경향이 있다.

소속욕구need for affiliation는 타인과 우호적인 관계를 형성하고 갈등을 회피하려는 욕구를 말한다. 이 욕구가 강한 사람은 친절하고 동정심이 많은 경향이 있다.

성취욕구need for achievement는 독립적이고 복잡한 과업을 달성하려 하고 문제를 해결하고자 하는 욕구를 말한다. 성취욕구가 높은 사람은 목표지향적이며 책임감 있게 열심히 일하는 성향이 있다.

맥클레란드의 조사에 의하면 기업가는 성취욕구가 매우 높고 권력욕구는 비교적 높으나 소속욕구는 아주 낮다. 경영자는 기업가와 비슷하지만 정도 면에서 기업가보다 더 약한 것으로 나타났다.

브룸의 기대이론 |

브룸의 기대이론은 동기부여에 관한 가장 포괄적인 설명을 하는 이론이다. 이 이론에 의하면 사람들은 자신들의 노력이 특정한 성과를 가져오리라는 기대와 이러한 성과가 특정한 보상을 가져오리라고 믿는 기대에 근거하여 행동하는 경향이 있다고 한다.

이 이론에 의하면 동기부여는 기대, 도구성, 그리고 유인가의 함수가 된다. 기대expectancy는 노력을 하게 되면 특정한 성과를 가져오리라고 인식하는 확률을 말한다. 도구성instrumentality은 특정한 수준의 성과가 바라고 있는 결과를 가져오리라고 믿는 정도를 나타낸다. 마지막으로, 유인가valence는 개인이 결과나 보상에 대해 가지는 중요성의 정도나 가치를 말한다.

공정성 이론

공정성 이론도 조직구성원들이 어떤 과정을 거쳐 동기부여가 되는지 설명하고 있다. 아담스가 제안한 이 이론에 의하면 종업원은 자신의 투입물을 보상과 비교하고 이 비율을 다른 사람의 것과 비교하여 업적에 따라 주어지는 보상이 불공정하다고 느끼면 그런 불공정을 줄일 수 있는 방향으로 동기부여된다고 한다.

종업원들은 자신의 직무를 수행하기 위해 시간이나 노력, 교육, 경험, 능력, 열정 등을 투입하게 된다. 이와 같은 투입결과로 봉급수준, 승진, 인정, 성취 등의 보상을 받게 되는데 이를 산출이라고 한다. 종업원은 자신의 투입과 산출 간의 비율을 계산한다. 그리고 자신의 이 비율을 다른 사람의 투입과 산출 간의 비율과 비교한다.

이렇게 비교한 결과, 만약 자신의 비율과 타인의 비율이 동등하다면 그는 공정하게 받았다고 생각하게 되고 만족하게 된다. 그러나 자신의 비율이 타인의 비율에 차이가 난다면 불공정하게 받았다고 생각하게 된다. 그리고 불공정성을 줄이려는 방향으로 동기부여가 된다.

리더십 이론의 유형 |

리더십은 역사상 가장 많이 논의되고 연구된 주제 가운데 하나이다. 아마 그 이유는 리더십에 따라 조직의 성패가 결정되기 때문일 것이다.

리더십 이론은 크게 세 가지로 분류된다. 첫째, 특성이론이다. 특성이론은 효과적인 리더의 특성이 무엇인지를 규명하는 데 초점을 둔 이론이다. 둘째, 행동이론이다. 이것은 효과적인 리더가 갖고 있는 행동유형을 탐색하고자 하는 이론이다. 셋째, 상황이론이다. 이 이론은 상황에 적합한 리더의 행동유형을 탐색하고자 하는 이론이다.

특성이론 |

특성이론은, 리더는 태어난다고 가정하고 리더가 갖고 있는 남다른 특성을 밝히고자 하는 데 초점을 두고 있다. 리더십을 연구한 초기 학자들이 주장한 이론이다. 이 이론은 리더는 보통 사람들보다 우수한 자질을 가지고 있었기 때문에 성공할 수 있었다고 주장한다. 예컨대, 성공한 리더들은 육체적 정신적 에너지, 목적의식과 지시능력, 정열, 친근감, 탁월한 품성, 기술적 우월성, 과단성, 높은 지능, 신념, 지배성, 자신감 등과 같은 특성을 가지고 있었다는 것이다.

행동이론 |

특성이론의 문제점이 제기되자 1950년대의 리더십 연구자들은 리더들의 행동에 초점을 맞추는 접근을 시도하는데 이를 리더십의 행동이론이라고 한다. 행동이론에서는 리더는 후천적으로 훈련개발에 의하여 만들어질 수 있다고 가정한다.

블레이크Blake와 머튼Mouton의 관리격자이론은 행동이론 가운데 하나이다. 이 이론에서는 생산에 대한 관심concern for production과 인간에 대한 관심concern for people의 두 가지 차원을 기초로 하여 다섯 가지 리더십 유형을 구분하고 있다. 그들은 두 가지 차원을 관심의 정도에 따라 각각 9등급으로 나누어 81개의 격자를 형성한 후에 다섯 가지 리더십 유형을 제시하였다.

첫째, 무관심형(1, 1) 리더이다. 이것은 인간과 생산에 모두 무관심한 유형으로서 자신의 직분을 유지하는 데 필요한 최소한의 노력만을 하는 리더 유형이다. 리더가 리더십을 거의 행사하지 않는 유형이라 할 수 있다.

둘째, 과업형(9, 1) 리더이다. 인간에 대한 관심은 적고 생산에 관한 관심은 많은 행동유형으로서 종업원을 기계처럼 다루는 유형의 리더이다.

셋째, 컨트리 클럽형(1, 9) 리더이다. 인간에 대한 관심은 많고 생산에 대한 관심은 적은 리더 형이다. 리더는 구성원의 만족과 우호적인 분위기를 위해 노력을 하는 유형이다.

넷째, 중간형(5, 5) 리더이다. 인간과 생산에 대한 관심을 적당히 가지는 행동유형이다. 이 유형의 리더는 적당한 정도의 과업능률과 사기를 유지하고자 한다.

마지막으로, 팀형(9, 9) 리더이다. 인간과 생산 모두에 많은 관심을 가지는 행동유형의 리더로 성과와 종업원의 만족을 최대화시키고자 한다.

상황이론 |

이 이론은 모든 상황에 언제나 가장 바람직한 리더의 특성이나 유형은 없다는 주장에서 출발하고 있다. 연구의 초점을 리더에게 두는 것이 아니라 리더가 처해 있는 그 때의 상황을 분석하는 연구방법이다. 이 이론에 의하면 어떤 상황에서나 가장 효과적인 리더십은 존재하지 않으며 리더십의 효과는 상황에 적합한 리더십 유형을 발휘할 때 높아질 수 있다.

피들러Fiedler는 최초로 상황적 리더십을 개발하였다〈그림 6-1〉. 그는 리더십이 이루어지는 상황이 리더에게 얼마나 유리한지에 따라 서로 다른 유형의 리더십이 효과적이라고 주장하였다.

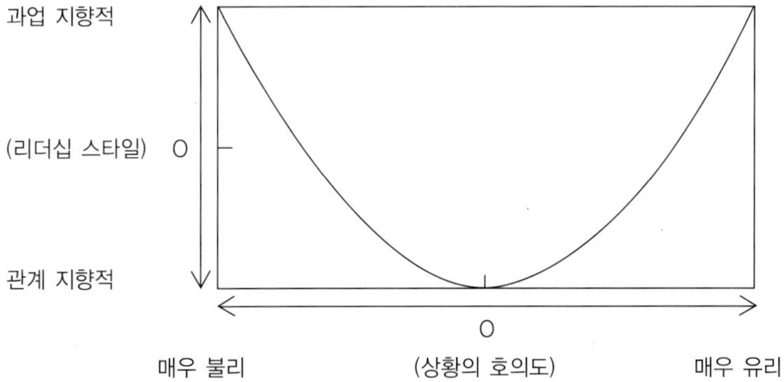

〈그림 6-1〉 피들러의 리더십 모형

자료 : Koontz et.al.(1982), p.669

피들러의 결론에 의하면 과업 지향적인 리더는 그들에게 매우 유리한 상황과 매우 불리한 상황에서 업무성과가 좋다고 한다. 그러나 보통 상황에서는 관계 지향적 리더십이 더 높은 성과를 얻을 수 있다.

리더의 비전과 기업의 비전

기업의 리더도 비전을 가져야 한다. 비전이란 무엇인가? 비전은 일반적으로 개인이나 가정 또는 조직의 구성원이 시선을 어떤 것 위에 고정시키는 것을 말한다. 그것은 전반적 목표의 동의어로 볼 수 있다.

그런데 성경에서 말하는 비전은 무엇인가? 잠언 29장 18절은 이렇게 기록하고 있다. "묵시가 없으면 백성이 방자히 행하거니와 율법을 지키는 자는 복이 있느니라." 이 말씀을 킹 제임스 버전으로 보면 이렇게 되어 있다. "Where there is no vision, the people perish; but he that keepeth the law, happy is he." 여기서 비전은 율법과 관련이 있다는 것을 알 수 있다. 즉, 하나님의 말씀에서 비전을 얻을 수 있다.

말씀이 희귀한 때에 하나님께서 사무엘을 세 번 부르셨지만 그는 하나님의 음성을 알아듣지 못하였다. 사무엘상 3장 1절은 이렇게 기록하고 있다. "아이 사무엘이 엘리 앞에서 여호와를 섬길 때에는 여호와의 말씀이 희귀하여 이상이 흔히 보이지 않았더라." 여기서는 비전을 이상으로 번역했고 이것은 말씀에 대한 동의어로 사용하고 있는 것 같다.

요엘 선지자는 요엘서 2장 28절에서 이렇게 예언하고 있다. "그런 다음에, 내가 모든 사람에게 나의 영을 부어 주겠다. 너희의 아들딸은 예언을 하고, 노인들은 꿈을 꾸고, 젊은이들은 환상을 볼 것이다." 이

예언의 말씀은 오순절 날에 성취되었고 베드로가 요엘의 예언을 인용하고 있는 것을 사도행전 2장 17절에서 확인할 수 있다. 이것은 사도행전의 다른 곳에서도 발견할 수 있다.❷

기업의 비전은 어떻게 얻는가? 기도하고 금식하는 비전가나 집단으로부터 얻게 된다. 비전을 구성하는 세 요소에는 조직의 위치, 구성원, 전통이 있다. 비전은 기업의 전략적 계획에 기초가 된다. 또한 비전은 기업 구성원들에게 기업의 목적을 기억나게 하고 다시 고취시키는 역할을 한다.

그리스도인 리더의 인격적 특성 |

산상수훈의 팔복에서 그리스도인의 인격적 특성, 특히 성경적 리더의 인격적 특성을 발견할 수 있다.❸

"심령이 가난한 자는 복이 있나니 천국이 그들의 것임이요 애통하는 자는 복이 있나니 그들이 위로를 받을 것임이요" 마태복음 5:3-4.

이것은 이렇게 표현할 수 있을 것이다. "진정으로 자신의 심령이 가난한 것을 아는 자는 복을 받을 것이다." 우리 자신을 그리스도와 비교해 볼 때, 우리 자신이 얼마나 보잘것없는지를 깨닫게 되고 우리의 죄성을 인식하게 된다. 따라서 그리스도인 리더들은 겸손하지 않을 수 없다.

"온유한 자는 복이 있나니 그들이 땅을 기업으로 받을 것임이요" 마태복음 5:5.

온유도 그리스도인 리더의 특성이다. 진실로 겸손한 자는 온유하게 된다. 온유한 사람은 하나님의 뜻에 따라 움직인다. 모세는 이스라엘 백성들이 하나님의 뜻에 불순종하고 원망하고 불평할 때마다 여호와께 부르짖었다. 예수 그리스도는 하나님 아버지의 뜻에 언제나 순종하셨다. 이런 의미에서 모세와 그리스도는 온유의 능력을 사용할 줄 아는 강력한 리더의 본보기가 된다.

"의에 주리고 목마른 자는 복이 있나니 그들이 배부를 것임이요" 마태복음 5:6.

그리스도인은 의와 정의에 대해 목마르게 갈망하면서 살아가는 존재이다. 기업 활동에 있어서 그리스도인들은 정의를 실천하는 방법들을 추구하는 일관된 의지를 갖도록 부름을 받았다. 우리는 그리스도에 대한 목마름을 가진 것처럼 시장에서 공의를 추구하는 자로 성장해야 한다. 그리스도인 기업의 리더들은 의롭게 살고 정의를 실천하는 열망으로 자신들을 불살라야 한다.

"긍휼히 여기는 자는 복이 있나니 그들이 긍휼히 여김을 받을 것임이요" 마태복음 5:7.

긍휼은 죄 지은 자를 용서할 뿐만 아니라 고난을 당하고 가난한 자에 대해 동정하는 것을 말하기도 한다.❹ 리더는 긍휼과 용서를 보여줄 수 있는 기회를 많이 접하게 된다. 또한 리더는 많은 결정을 하기 때문에 많은 실수도 저지르게 된다. 따라서 우리가 오판을 해서 타인들에게 해를 끼치게 될 때, 타인들과 하나님으로부터 용서를 수용하는 방법을 찾을 필요가 있다. 우리들은 함께 일하는 사람들을 이해하고 용서하면서 살아야 한다.

"마음이 청결한 자는 복이 있나니 그들이 하나님을 볼 것임이요" 마태복음 5:8.

'마음이 청결하다' 는 것은 도덕적으로 흠이 없는 것을 말하고 하나님 나라와 의만을 추구하는 삶의 자세를 의미한다. 이 세상과 하늘

나라를 동시에 추구하는 삶이 아니라 오직 하나님 나라만을 추구하면서 사는 삶의 태도를 말한다. 그리스도인 리더들은 그리스도를 계속 닮아감에 따라 마음이 청결해져야 한다. 경우에 따라서는 물질적인 손실을 보더라도 바른 말과 행동을 해야 함을 의미한다.

"화평하게 하는 자는 복이 있나니 그들이 하나님의 아들이라 일컬음을 받을 것임이요" 마태복음 5:9.

그리스도인들은 늘 평화를 외치고 도모해야 한다. 그리스도인 리더들은 협동성, 팀워크, 그리고 화해를 촉진시키며 화평을 도모하는 자가 되도록 성장해야 한다. 어려운 불협화음의 순간에도 그리스도인 리더들은 모든 구성원에게 유익이 되는 해결책을 찾도록 노력해야 한다.

요컨대, 그리스도인 리더는 겸손, 온유, 정의, 청결, 그리고 화평과 같은 인격적 특성이 개발되도록 지속적으로 노력해야 한다. 물론 그리스도인들이 이러한 인격적 특성만 가지는 것은 아니다. 갈라디아서 5장에서 말하는 성령의 아홉 가지 열매를 비롯한 풍성한 성품을 가질 수 있다.

예수 그리스도의 서번트 리더십

그리스도인 리더라면 예수 그리스도의 리더십에 관심을 가지지 않을 수 없다. 예수 그리스도의 리더십은 한마디로 '서번트 리더십' 이라 할 수 있다. 그렇다면 서번트 리더십은 어떤 리더십인가?

서번트 리더십이 부각되기 시작한 것은 2007년 12월 19일 밤 대선 승부가 가려졌을 때 부터였다. 이명박 대통령은 "매우 겸손한 자세로, 매우 낮은 자세로 국민을 섬기겠다" 고 약속하면서 2008년 2월 25일

제17대 대통령에 취임하였다. 이명박 대통령이 국회의사당 앞에서 열린 취임식에서 "국민을 섬기는 정부"라는 점을 강조하기 위해 연단 높이를 낮추고, 장관 내정자들은 단상 아래에, 국민 대표들은 단상 위에 앉힌 사건을 시작으로 사람들 사이에서 인식되기 시작했다. 또한 취임식에서 이명박 대통령은 '국민 속으로' 다가가는 모습을 보여주기 위해 행사장 입구에서 내려 연단까지 200m 가량을 국민들과 같이 호흡하며 걸었다. 바야흐로 '섬김의 정부'가 시작되는 계기라고 할 수 있다. 그리고 시중의 한 은행에서는 시대의 흐름에 걸맞게 '서민섬김통장'이라는 금융상품이 나오기도 하였다.

서번트 리더는 가장 먼저 자신이 서번트라는 생각에서 출발한다. 이것은 사람이란 누구나 다른 사람에게 봉사하고자 하는 인간 본연의 감정을 가지고 있다는 전제에서 비롯된다. 진정한 리더는 먼저 다른 사람에게 봉사하는 가운데 그들을 이끌어 간다. 기업조직에서 서번트 리더십은 부하들의 업무관련 성장욕구를 찾아 이를 먼저 해결해 주기 위하여 노력하며 필요한 지원을 강화하는 가운데 이들을 전체 조직의 목적을 향해 이끌어 가는 리더십 행위로 정의할 수 있다. 이 경우 서번트 리더의 최우선 관심사항은 리더로서 자신이 어떻게 부하들을 섬길 때 그들의 효율이 가장 높을 것인가에 있다. 그래서 서번트 리더는 먼저 다른 사람들의 성장욕구가 무엇인지를 살피고 그들이 업무현장에서 그 욕구를 최대한 실현할 수 있도록 환경을 조성해 가야 한다.

성경에서는 서번트 리더를 어떻게 나타내고 있는지 알아 보자. 마태복음 20장 25절부터 28절까지에 잘 소개되어 있다.

"예수께서 제자들을 불러다가 이르시되 이방인의 집권자들이 그들을 임의로 주관하고 그 고관들이 그들에게 권세를 부리는 줄을 너희가 알거니와 너희 중에는 그렇지 않아야 하나니 너희 중에 누구든지 크고자 하는 자는 너희를 섬기는 자가 되고 너희 중에 누구든지 으뜸이 되고자 하는 자는 너희의 종이 되어야 하리라 인자가 온 것은 섬김을 받으려 함이 아니라 도리어 섬기려 하고 자기 목숨을 많은 사람의 대속물로 주려 함이니라."

예수 그리스도께서는 세상 리더들의 리더십은 자기 멋대로 주관하고 권세를 부리지만 그리스도인 리더십은 '누구든지 크고자 하는 자는 섬기는 자가 되어야 한다' 고 말씀하시고 있다. 예수가 세상에 오신 목적이 바로 섬기는 삶을 살기 위한 것이라고 말씀하신 후에 실제로 자신의 목숨으로 많은 사람들의 죗값을 치르심으로써 서번트 리더십의 핵심을 본으로 보여주셨다. 따라서 예수 그리스도는 바로 서번트 리더십의 모델이 되고 있다.

06 정리를 위한 토론 문제

1. 멕그레고르의 X 이론과 Y 이론의 내용을 쉽게 설명해 봅시다. 당신은 어느 이론의 입장을 지지합니까? 또 그 이유는 무엇입니까?

2. 매슬로의 욕구단계이론과 허쯔버그의 2요인 이론을 비교하여 설명해 봅시다.

3. 블레이크와 머튼의 관리격자이론은 생산에 대한 관심concern for production과 인간에 대한 관심concern for people의 두 가지 차원을 기초로 하여 다섯 가지 리더십 유형을 구분하고 있습니다. 다섯 가지 리더십 유형을 간단히 설명하고 당신은 어느 유형에 속하는지 말해 봅시다. 또 당신이 추고하고 싶은 리더십 유형은 무엇입니까?

4. 그리스도인 리더는 어떻게 비전을 가질 수 있습니까? 또 당신은 그리스도인 리더로서 어떤 비전을 가지고 있는지 서로 나누어 봅시다.

5. 서번트 리더십에 대해 아는 대로 설명해 봅시다. 또 이 리더십이 일반적 리더십(상황적합이론, 변혁적 리더십, 윤리적 리더십 등)과 어떤 차이가 있는지 말해 봅시다.

07

통제기능과 성경적 통제원리

"그 주인이 이르되 잘하였도다 착하고 충성된 종아 네가 적은 일에 충성하였으매 내가 많은 것을 네게 맡기리니 네 주인의 즐거움에 참여할지어다 하고" 마태복음 25장 21절.

His master replied, 'Well done, good and faithful servant! You have been faithful with a few things; I will put you in charge of many things. Come and share your master's happiness!'

통제는 경영자가 수행해야 할 마지막 관리과정이다. 계획이 첫 기능이라면 통제는 다섯 번째 경영기능이라 할 수 있다. 경영자는 수립한 계획이 효율적이고 효과적으로 달성되고 있는지를 항상 감독하고 점검하여야 한다. 통제는 조직 목표의 진전과 완성을 평가하고 감독하는 기능을 말한다. 또한 통제는 성과의 표준을 개발하고, 성과와 결과를 측정하고, 성과를 표준과 비교하여 평가하고 성과의 차이를 수정하는 일을 수반한다.

통제의 유형과 과정 |

일반적으로 통제는 통제를 하는 시기에 따라 사전통제, 과정통제, 그리고 사후통제로 구분할 수 있다.❶ 사전통제는 실제로 경영활동이 수행되기 이전에 실시되는 통제로 시스템의 투입에 초점을 두는 통제이다.

과정통제는 과업의 수행과정에서 어떠한 일이 발생하고 있는가에 초점을 두는 통제이다. 최종결과가 나타나기 전에 계획대로 진행되는가를 확인하고 수정조치가 동시에 이루어지는 통제를 말한다.

사후통제란 실제로 과업이 수행된 후에 산출에 초점을 두고 수행되는 통제이다. 이 사후통제는 사전통제나 과정통제와는 달리 최종제품이나 서비스를 분석하는 통제를 말한다.

일반적으로 통제는 다음 네 단계로 이루어진다.

1) 계획(목표 또는 표준)의 설정
2) 실제 성과의 측정
3) 표준과 실제성과의 비교
4) 수정을 위한 조치

경영자가 계획이나 목표를 수립하지 않고 통제할 수 있는 방법은 없다. 이런 의미에서 통제의 첫 과정은 목표설정으로부터 시작된다. 따라서 계획과 통제는 매우 밀접한 관련을 맺고 있다. 여기서 목표란 어떤 개인이 달성하려는 행동의 목표로서 성과표준, 즉 예산목표를 말한다. 이러한 목표설정 또는 표준설정은 부하직원의 동기유발, 행동 및 과업성과에 영향을 미치는 것으로 가정된다.

통제과정의 두 번째 단계는 실제로 수행되고 있는 경영활동의 성과를 측정하는 과정이다. 성과란 활동의 실제 결과로서 통제의 대상이 된다. 표준이 설정되면 그 표준이 어느 정도 달성되고 있는가를 지속적으로 측정하여야 한다.

통제과정의 세 번째 단계는 측정된 성과와 사전에 설정된 표준을 비교하여 차이를 분석하는 것이다. 효과적으로 통제기능을 수행하기 위해서는 차이의 허용범위를 수용하여야 한다. 또한 차이가 너무 크게 나타나기 전에 적절한 조치를 강구할 수 있도록 성과와 표준과의 비교를 지속적으로 실시하는 것이 좋다.

통제의 마지막 과정은 표준과 성과와의 차이를 수정하기 위한 조치를 강구하는 것이다. 성과가 표준에 비하여 미달하거나 초과하였을 때는 그 원인을 규명하여 수정을 위한 조치를 취해야 하는 것이 무엇보다 중요하다.

전통적 통제기법 ׀

오늘날 조직 내에서 많이 사용되고 있는 통제기법으로는 어떤 것이 있는가? 먼저, 전통적인 통제기법으로 예산이 있다. 다음에는 감사와 재무분석과 같은 비예산적 통제기법도 있다. 최근에는 컴퓨터 기술의 발전으로 인하여 MIS에 의한 통제기법도 많이 사용되고 있다. 마지막으로, ROI와 같은 전반적인 통제기법이 있다. 이제 이들 가운데 중요한 통제기법 몇 가지를 살펴보자.

전통적으로 많이 사용되고 있는 통제기법은 예산이다. 예산이란 일정기간 동안 특정한 목표를 달성하기 위하여 자원을 어떻게 취득할 것이며 취득한 자원을 어떻게 사용할 것인가에 대한 구체적인 계획을 공식적으로 계량화한 것이다. 예산은 조직 전체를 대상으로 설정할 수도 있고 부문별, 지역별로도 설정할 수 있다. 일정 기간 동안 조직 전체를 대상으로 설정하는 예산을 종합예산이라 한다.

최근에는 조직들이 예산수립과정에서 새로운 접근법을 도입하고 있다. 이 중에는 PPBSPlanning-Programming-Budgeting System❷와 영기준 예산접근법Zero-Base Budgeting System❸이 있다.

예산의 기능은 무엇인가? 예산은 기업경영에 대한 유효성과 효율성의 기준을 위해 사용될 수 있기 때문에 조직에서 중요한 역할을 수행할 수 있다. 예산은 무엇보다도 일련의 바람직한 결과를 설명해주는 유효성의 기준이 된다. 또한 예산은 구체적인 결과를 가져오는 데 요구되는 투입을 설명할 수 있다는 점에서 효율성의 기준이 된다.

예산의 주요한 기능은 다음과 같다.

첫째, 예산의 제1차적 기능은 조직 내의 책임과 권한의 공식적인 위양과 관련하여 특정 활동에 대한 자금을 사용할 권한을 부여하는 것이다.

둘째, 예측과 계획의 기능을 가진다. 예산은 통제불가능한 사건에 대한 가능한 결과의 추정을 기초로 설정된다. 또한 계획으로서의 예산은 발생가능성이 있는 결과의 유효한 추정을 기초로 이루어진다.

셋째, 예산은 의사전달과 조정의 기능을 가진다.

넷째, 예산은 조직의 목표가 달성될 수 있도록 종업원에게 동기유발의 수단을 제공한다.

마지막으로, 예산은 성과평가와 통제의 기능을 가진다.

예수 그리스도는 누가복음 14장에서 제자의 자격에 대해 설명하시면서 예산의 중요성을 말씀하시고 있는 것을 볼 수 있다.

"너희 중의 누가 망대를 세우고자 할진대 자기의 가진 것이 준공하기까지에 족할는지 먼저 앉아 그 비용을 계산하지 아니하겠느냐" 누가복음 14:28.

비예산적 통제기법 |

비예산적 통제기법으로 많이 사용되는 통제기법으로는 감사, 재무분석, 손익분기점분석 등이 있다. 여기서는 감사에 대해서만 간단히 살펴보도록 한다.

감사란 어느 한 집단이 다른 집단의 업무수행에서 잘못한 점을 찾아내려는 활동을 의미한다. 감사대상기관의 업무상의 비행을 밝혀내는 것이 감사의 기본 목적이지만 이것이 감사의 유일한 목적은 아니다. 감사의 가장 핵심적인 목적은 분석, 확인 및 수정을 목적으로 하는 조직의 조사활동이다. 감사는 대차대조표와 손익계산서와 같은 재무제표의 정직성과 공정성을 검증하는 데 초점을 맞추고 있다. 보통 조직 내에는 내부감사와 외부감사, 그리고 경영감사가 있다.

MIS 통제시스템 |

최근에는 MIS 통제시스템이 많이 사용되고 있다. MIS란 정기적으로 필요한 정보를 경영층에 제공하는 시스템을 말한다.❹ MIS는 크게 네 단계로 발전되어 왔다. 1단계는 일괄 처리방식, 2단계는 중앙집중식 처리방식, 3단계는 분산화 처리방식, 그리고 마지막 4단계는 네트

워킹 처리방식이다.

1단계는 시기적으로, 컴퓨터가 처음 설치된 1954년 이후 1960년대 중반까지로 볼 수 있다. 1960년대 중반까지 MIS는 급여지불, 청구서 작성, 회계 등의 사무적 기능에 대한 정기적인 데이터를 처리하는 것이 중요한 역할이었다. 이 때의 특징은 중앙집중식이어서 처리할 업무를 모아 한꺼번에 처리하는 일괄처리 방식이었다. 중앙처리식의 데이터 처리는 조직활동에 관한 현재의 정보를 경영자들에게 제공할 수 없었다.

2단계의 특징은 중앙집중식 처리방식이었다. 1965년과 1979년 사이에 관리 및 운영활동에 관한 정보를 지원하는 데까지 중앙집중식 데이터 처리방식이 이용되었다. 2단계에서는 1단계와는 대조적으로 판매상황을 마케팅 부서에서 매주 검토할 수 있게 되었을 뿐만 아니라 생산부서에서도 분석할 수 있게 되었다. 그러므로 2단계가 진정한 MIS의 효시라고 볼 수 있다.

3단계는 분산화 처리방식이 특징이었다. 3단계에 이르러 정보통제의 분산화가 급속히 이루어졌다. 분산화 시스템에서는 전에 중앙 컴퓨터에서 하던 기능의 전부 또는 일부를 다른 곳에서 처리할 수 있게 된다. 이 단계에서는 경영자들이 최종사용자가 되고 개인용 컴퓨터의 보급이 확산됨에 따라 경영자들은 소프트웨어의 선택에 곤란을 겪게 되었으며 데이터 시스템부서는 정보지원부서로 그 역할이 변화하였다.

오늘날은 MIS발달의 4단계에 와있다. 이 단계에서는 최종사용자들을 통합하는 메커니즘을 생성하고 실행하는 것을 강조하고 있다. 교호작용 네트워크를 통하여 경영자들은 다른 컴퓨터와 커뮤니케이션을 행할 수 있다. 이것은 전자우편, 화상회의, 조직과 조직 간의 관계를 연계시켜 나가게 하고 있다.

전반적 통제시스템

전반적 성과를 통제하는 시스템도 있다. 전반적 성과의 통제시스템에는 예산요약서, 손익계산통제, ROIreturn on investment를 통한 통제 등이 있다. 이 가운데 순이익을 투자액으로 나누어 구하는 ROI는 가장 널리 사용되는 경영성과의 측정도구로써 전반적 기업성과의 통제시스템으로 사용될 수 있다.

원래 ROI 분석은 미국의 화학회사인 듀퐁사에서 사업부의 업적을 평가하고 관리하기 위한 내부통제방법으로 개발한 것이다.[5] 듀퐁 재무분석시스템으로 알려진 ROI 분석은 ROI를 결정하는 요인을 수익성과 회전율로 분해한 다음, 각 결정요인의 세부항목에 대한 관리를 통하여 궁극적으로는 회사의 경영성과를 계획, 통제하는 것을 목적으로 한다. 그러나 최근에는 ROI 분석이 기업 전체의 경영성과의 계획 및 통제, 내부통제 및 기업 내의 자원배분결정, 이익예측, 채권자 및 투자자에 의한 기업성과의 평가 등 다양한 목적에 활용되고 있다.

듀퐁의 재무분석시스템은 ROI가 수익성을 나타내는 매출액순이익율(순이익/매출액)과 영업활동에 제공된 자산이 얼마나 효율적으로 활용되고 있는가를 나타내는 총자산회전율(매출액/총자산)로 분해될 수 있다는 데 기초를 두고 있다.

결국 듀퐁 재무분석시스템을 구성하는 주요 변수는 매출액, 이익, 투자액(자산)이다. 또 듀퐁 시스템은 이 세 변수를 관리하여 기업의 경영성과를 계획하고 통제하는 것이 그 골자를 이루고 있다.

듀퐁 재무 분석시스템의 하부구조를 살펴보면 매출액순이익율의 계산에 필요한 매출액은 매출액에서 총비용을 차감하는 것으로 구성된다. 또한 총자산회전율을 계산하는 데 필요한 총자산은 유동자산과 고정자산의 합으로 구성된다.

ROI 분석의 유용성은 두 가지로 요약될 수 있다. 첫째, 경영자는 ROI 분석을 통하여 기업전체 수준이나 사업부 수준에서 재무계획을 수립하고 재무통제를 할 수 있다. 둘째, 기업외부의 분석자 입장에서는 특정 기업의 과거 경영성과를 분석하고 미래의 경영성과를 예측하는 데 이 기법을 활용할 수 있다.

통제와 평가의 하나님 |

하나님은 계획의 하나님과 실행의 하나님인 동시에 통제 또는 평가의 하나님이시기도 하다. 하나님께서 태초에 천지를 창조하실 때 6일간 매일 창조하신 후에 창조내용에 대해 평가를 하셨다. 이것은 일종의 '하나님의 자기평가'라 할 수 있다. 그리고 하나님이 매일의 창조내용을 평가하는 것은 '부분평가' 또는 '일별평가'라 할 수 있다. 그리고 여섯째 날의 창조를 마치신 후에 창세기 1장 31절에 이렇게 기록하고 있다. "하나님이 지으신 그 모든 것을 보시니 보시기에 심히 좋았더라." 이것은 하나님의 모든 창조에 대한 '종합평가'라 할 수 있다. 하나님은 하나님의 계획대로 되었을 때 좋게 평가를 하신 것을 알 수 있다.

동기를 평가하시는 하나님 |

하나님은 사람과는 달리 마음의 동기를 평가하신다. 이러한 사실은 사무엘상 16장 7절에서 발견할 수 있다. 여호와께서 사무엘에게 이렇게 말씀하셨다. "그의 용모와 키를 보지 말라 내가 이미 그를 버렸노라 내가 보는 것은 사람과 같지 아니하니 사람은 외모를 보거니와 나 여호와는 중심을 보느니라."

이러한 사실은 성경의 다른 곳에서도 발견할 수 있다. 솔로몬도 하나님은 사람의 마음의 동기를 평가하신다고 분명히 말하고 있다. "사람의 행위가 자기 보기에는 모두 깨끗하여도 여호와는 심령을 감찰하시느니라" 잠언 16:2. 베드로는 하나님께서는 구원을 하실 때에 그 사람의 외모를 보지 않는다는 사실을 이렇게 고백하고 있다. "베드로가 입을 열어 말하되 내가 참으로 하나님은 사람의 외모를 보지 아니하시고" 사도행전 10:34.

하나님의 평가와 사람의 평가

하나님께서는 사람에 대해서도 평가를 하신다. 구약에는 이스라엘 왕들에 대한 하나님의 평가를 기록한 것이 많이 있다. 예컨대, 열왕기상 15장 5절에는 "이는 다윗이 헷 사람 우리아의 일 외에는 평생에 여호와 보시기에 정직하게 행하고 자기에게 명령하신 모든 일을 어기지 아니하였음이라." 열왕기하 12장 2절에는 "요아스는 제사장 여호야다가 그를 교훈하는 모든 날 동안에는 여호와 보시기에 정직히 행하였으되." 여호와의 말씀에 정직히 행한 다윗 왕과 요아스 왕에 대한 평가가 기록되어 있다.

하나님의 평가는 항상 옳다. 그러나 사람의 평가는 항상 바르게 되는 것은 아니다. 특히 하나님이 없다고 생각하는 악인의 평가는 잘못

될 가능성이 많다. 예컨대, 악인의 잘못된 평가의 사례를 열왕기상 21장 20절에서 발견할 수 있다. "아합이 엘리야에게 이르되 내 대적자여 네가 나를 찾았느냐 대답하되 내가 찾았노라 네가 네 자신을 팔아 여호와 보시기에 악을 행하였으므로." 아합은 엘리야를 자신을 대적하는 자로 부르면서 여호와 보시기에 악을 행하였다고 그릇된 평가를 하고 있다.

달란트 비유를 통해 배우는 평가원리

마태복음에 나오는 '달란트 비유'를 통해 여러 가지 평가의 원리를 찾을 수 있다.

첫째, 하나님은 모든 사람을 평가하신다. 여기에 예외는 없다. 다섯 달란트와 두 달란트를 받은 종도 평가를 받았지만 한 달란트를 받은 종도 평가를 받았다.

둘째, 사람은 재능, 재물, 복음, 시간 등을 의로운 청지기 자세로 관리해야 한다. 우리가 가지고 있는 모든 재능이나 재물, 그리고 복음과 시간 등은 하나님께서 우리에게 적극적으로 활용하도록 위탁하신 것임을 알고 충성스럽게 관리해야 한다.

셋째, 단기적인 목표보다는 장기적인 관점, 더 나아가서 영원한 관점에서 평가해야 한다. 주인이 언제 오실지는 알 수 없지만 언젠가는 평가를 받을 때가 있다. 히브리서 기자는 이렇게 기록하고 있다. "한 번 죽는 것은 사람에게 정해진 것이요 그 후에는 심판이 있으리니" 히브리서 9:27.

넷째, 하나님은 맡기신 것을 잘 관리한 자에게는 보상을 하시지만 잘못 관리한 사람에게는 책망을 하실 것이다. 두 달란트 받은 자는 다섯 달란트 받은 종과 함께 이익을 내었기 때문에 주인으로부터 칭찬을 받았다. "그 주인이 이르되 잘하였도다 착하고 충성된 종아 네가 적은 일에 충성하였으매 내가 많은 것을 네게 맡기리니 네 주인의 즐거움에 참여할지어다 하고" 마태복음 25:23. 그러나 한 달란트 받은 종은 주인으로부터 책망을 받았다. "악하고 게으른 종아 나는 심지 않은 데서 거두고 헤치지 않은 데서 모으는 줄로 네가 알았느냐 그러면 네가 마땅히 내 돈을 취리하는 자들에게나 맡겼다가 내가 돌아와서 내 원금과 이자를 받게 하였을 것이니라" 마태복음 25:26-27.

자기평가와 타인평가

모든 사람은 하나님과 마찬가지로 자신과 다른 사람에 대해 평가를 할 수 있다. 이 사실은 바울의 예를 통해 확인할 수 있다. 바울은 사도행전에서 자신에 대한 평가를 이렇게 하고 있다. "내가 아무의 은이나 금이나 의복을 탐하지 아니하였고 여러분이 아는 바와 같이 이 손으로 나와 내 동행들이 쓰는 것을 충당하여 범사에 여러분에게 모본을 보여준 바와 같이 수고하여 약한 사람들을 돕고" 사도행전 20:33-35.

또한 바울은 빌립보서 2장 25절에서 에바브로디도에 대해 이렇게 평가하고 있다. "그러나 에바브로디도를 너희에게 보내는 것이 필요한 줄로 생각하노니 그는 나의 형제요 함께 수고하고 함께 군사 된 자요 너희 사자로 내가 쓸 것을 돕는 자라" 빌립보서 2:25.

일곱 교회에 대한 평가 |

요한계시록에는 소아시의 일곱 교회에 대해 평가를 하시는 예수 그리스도의 말씀이 기록되어 있다. 일곱 교회 가운데 하나인 에베소 교회에 대한 그리스도의 평가내용을 살펴보도록 하자.

예수 그리스도는 자신을 "오른손에 있는 일곱 별을 붙잡고 일곱 금 촛대 사이를 거니시는 이"라고 소개하면서 먼저 긍정적인 평가를 내리고 있다. "내가 네 행위와 수고와 네 인내를 알고 또 악한 자들을 용납하지 아니한 것과 자칭 사도라 하되 아닌 자들을 시험하여 그의 거짓된 것을 네가 드러낸 것과 또 네가 참고 내 이름을 위하여 견디고 게으르지 아니한 것을 아노라" 요한계시록 2:2-3. 또 다른 긍정적인 평가는 요한계시록 2장 6절에서 발견할 수 있다." 오직 네게 이것이 있으니 네가 니골라 당의 행위를 미워하는도다 나도 이것을 미워하노라."

예수 그리스도는 긍정적인 평가를 하신 후에 에베소 교회에 대해 부정적인 평가를 내리고 있음을 알 수 있다. "그러나 너를 책망할 것이 있나니 너의 처음 사랑을 버렸느니라" 요한계시록 2:4.

예수 그리스도께서는 에베소 교회에 대한 평가를 마치신 후에 그 교회의 개선방향을 이렇게 지시하시고 있다.

"그러므로 어디서 떨어졌는지를 생각하고 회개하여 처음 행위를 가지라 만일 그리하지 아니하고 회개하지 아니하면 내가 네게 가서 네 촛대를 그 자리에서 옮기리라" 요한계시록 2:5.

마지막으로, 그리스도는 에베소 교회에 대한 평가를 마치고 나서 이기는 자에게는 낙원에 있는 생명나무의 열매를 먹게 해주겠다고 약속을 하시고 있다.

"귀 있는 자는 성령이 교회들에게 하시는 말씀을 들을지어다 이기는 그에게는 내가 하나님의 낙원에 있는 생명나무의 열매를 주어 먹게 하리라" 요한계시록 2:7.

07 정리를 위한 토론 문제

1. "통제는 경영자가 수행해야 할 마지막 관리과정이다."라는 말의 의미를 설명해 보세요. 또 통제의 네 과정을 설명한 후에 실제 예를 하나 들어서 설명해 봅시다.

2. 전통적으로 많이 사용되는 통제기법에는 예산이 있습니다. 예산의 중요성과 기능에 대해 구체적인 예를 들어 설명해 봅시다.

3. 전반적인 통제 시스템으로 듀퐁의 재무분석시스템을 간단히 설명해 봅시다. 또 여러분이 어느 회사의 CEO라고 가정하고 기업 전체의 목표 투자수익률ROI을 15%로 설정하기로 했다면 매출액순이익율(순이익/매출액)과 총자산회전율(매출액/총자산)을 각각 몇 %로 결정할 것인지 말해 봅시다. 또 왜 그렇게 설정했는지를 설명해 봅시다.

4. 하나님의 평가와 사람의 평가는 어떤 차이가 있는지 말씀에 기초하여 설명해 봅시다. 또 당신은 다른 사람에 대해 잘못 평가한 경우가 있다면 예를 들어보고 다른 사람을 평가할 때 주의할 점은 어떤 것이 있는지 말해 봅시다.

5. 예수 그리스도께서 여러분 각자를 현재시점에서 평가하신다면 어떤 평가를 하실지(긍정적인 평가와 부정적 평가) 각자의 생각을 말해 봅시다. 또 그리스도는 당신에게 어떤 권면의 말씀을 하실 것이라고 생각하십니까?

Ⅲ

세 가지의 지속적 경영기능

"또 주께서 이르시되 그 날 후에 내가 이스라엘 집과 맺을 언약은 이것이니 내 법을 그들의 생각에 두고 그들의 마음에 이것을 기록하리라 나는 그들에게 하나님이 되고 그들은 내게 백성이 되리라" 히브리서 8:10.

This is the covenant I will make with the house of Israel after that time, declares the Lord.

> I will put my laws in their minds and write them on their hearts.
> I will be their God, and they will be my people.

08

의사결정과 성경적 의사결정원리

"여호와를 경외하는 자 누구냐 그가 택할 길을 그에게 가르치시리로다"시편 25:12.

Who, then, is the man that fears the LORD? He will instruct him in the way chosen for him.

우리는 일상생활을 하면서 의식적이든 무의식적이든 의사결정을 하면서 살아가고 있다. 기업활동을 하는 데 있어서도 경영자는 계획, 조직, 충원, 지휘, 통제의 경영과정 전반을 통하여 수많은 의사결정을 하여야 한다.

의사결정은 계획에 포함시킬 수도 있지만, 계획을 수립할 때만 발생하는 것이 아니라 경영의 모든 과정에 계속해서 일어난다. 알렉스 맥킨지Alex MacKenzie는 의사결정은 경영의 각 과정에서 계속 발생하는 연속적 기능 가운데 하나라고 말하고 있다.[1] 그는 한 논문에서 경영과정을 구성하는 다섯 가지의 순차적 요소로서 계획, 조직, 충원, 지휘, 그리고 통제를 확인하고 있고, 추가로 연속적 요소로서 의사결정과 의사소통을 확인하고 있다. 의사결정은 계획기능에 필수적인 요소이지만 조직, 충원, 지휘, 통제의 각 과정에도 계속 발생하는 요소이다.

의사결정의 유형 |

의사결정의 유형은 세 가지 기준에 따라 분류할 수 있다. 첫째, 의사결정은 경영계층에 따라 전략적 의사결정, 관리적 의사결정, 그리고 업무적 의사결정으로 분류될 수 있다.

전략적 의사결정은 기업의 최고경영층이 주로 담당하는 미래지향적인 차원의 업무에 관계된 의사결정이다. 전략적 의사결정은 기업의 내부문제보다 외부환경문제와 관련된 의사결정이다.

관리적 의사결정은 기업의 중간경영층이 주로 수행하는 의사결정이다. 이 의사결정은 기업의 성과를 극대화할 수 있도록 조직하는 의사결정을 말한다.

업무적 의사결정은 기업의 자원변환과정의 능률을 극대화하는 의사결정이다. 업무적 의사결정은 전략적 의사결정과 관리적 의사결정을 구체화하고 일상적으로 수행되는 업무에 관한 의사결정을 말한다.

둘째, 의사결정은 문제의 성격에 따라 정형적 의사결정과 비정형적 의사결정으로 나눌 수 있다.

정형적 의사결정은 반복적이고 일상적인 의사결정을 말한다. 문제의 구조가 명확하여 틀에 박힌 일정한 절차와 방법에 따라 기계적으로 결정하는 것으로서 의사결정을 위한 표준화된 절차나 관리적 지침을 갖고 있다.

비정형적 의사결정은 새롭고 불투명한 요인들을 내포하고 있는 상황에서 경영문제를 해결하기 위한 의사결정이다. 비정형적 의사결정은 프로그램화하기 어려운 의사결정이다. 경영자가 당면하게 되는 대부분의 의사결정은 비정형적 의사결정이라 할 수 있다.

마지막으로, 의사결정은 경영자가 직면할 수 있는 상황에 따라 확실성하에서의 의사결정, 위험하에서의 의사결정, 그리고 불확실성하에서의 의사결정으로 분류될 수 있다.

먼저, 확실성하에서의 의사결정이란 어떤 문제의 해결을 위한 정보와 대안의 결과가 확실히 알려져 있는 경우를 말한다. 확실한 상황에서의 의사결정자는 각 대안의 성과를 비교하여 최선의 대안을 선택하면 된다. 그러나 기업환경이 급변하는 오늘날 확실성하에서의 의사결정은 거의 존재하지 않는다.

위험하에서의 의사결정은 대안의 실행결과를 확실하게 예측할 수는 없으나 그 결과가 어떤 확률로 발생하는가를 예측할 수 있는 정보가 존재하는 경우의 의사결정을 말한다.

불확실성하에서의 의사결정은 경영자가 발생가능한 상태와 대처할 수 있는 대안들을 알고는 있지만 발생가능한 상태의 확률이나 성과를 예측할 수 없는 경우에 이루어지는 의사결정을 말한다. 따라서 불확실한 상황에서는 직관이나 경험에 의존하여 의사결정을 하게 된다.

의사결정의 단계 |

의사결정은 어떤 문제를 해결하기 위한 방안을 얻기 위한 일련의 단계로 구성된다. 의사결정은 어떤 과정을 거쳐서 이루어지는가? 의사결정은 일반적으로 여섯 가지 단계로 이루어진다.

의사결정의 첫 단계는 결정을 필요로 하는 문제를 발견하고 확인하는 것이다. 경영자가 경영기능을 수행할 때 의사결정의 필요성을 느끼는 것은 어떤 문제나 기회가 발생할 때 일어난다. 문제는 정상이 아닌 상태를 말하며 계획과 어긋난 상태를 말한다. 그리고 기회는 조직의 업적이 목표하고 있는 업적수준을 초과할 때 나타난다.

둘째 단계는 문제의 진단과 원인분석이다. 문제점이나 기회의 가능성이 확인되면 그 상황에 대한 이해가 있어야 한다. 문제의 원인이 무엇인지를 찾아내지 아니하고 바로 해결책을 찾기 위해 대안을 개발하는 것은 바람직하지 않다. 또 왜 목표를 초과하는 성과의 기회가 발생하고 있는지 그 원인을 찾는 것이 합당한 대안을 개발하는 데 유익하다.

세 번째 단계는 문제에 대한 대안적 해결책을 개발하고 탐색하는 단계이다. 이 단계에서는 현재의 문제상황과 추구하는 결과와의 차이를 줄이기 위한 활동이 무엇인가를 찾아낸다. 대안의 개발은 기업의 강점과 약점, 그리고 기회와 위협을 상호 결합하여 이루어진다. 이것을 SWOT 분석이라고 한다.

네 번째는 시간과 비용 등을 고려하여 각 대안을 평가하는 단계이다. 각 대안을 평가하는 방법에는 여러 가지가 있다. 각 대안의 찬성과 반대의 양론을 전개하여 평가하는 방법, 각 대안의 요인별 충족능력을 비교하는 방법 등 다양하다. 어떤 방법을 사용하든지 의사결정자는 각 대안적 해결책을 실행가능성 기준, 효과성 기준, 그리고 결과의 중요성 기준에 의해 평가를 하게 된다.

다섯째, 모든 대안의 평가가 끝나면 최선의 대안을 선택한다. 사용된 평가방법에 따라 최적안의 선택과정은 아주 단순하게 진행된다. 그러나 철저한 평가과정을 거쳤는데도 최선의 대안이 드러나지 않는 경우라도 경영자는 실행가능성, 효과성, 그리고 중요성 등을 고려하여 최적 대안을 선택해야 한다.

마지막으로, 선택된 대안을 실행하면 된다. 대안의 실행은 의사결정의 과정에서 매우 중요한 단계이다. 아무리 훌륭한 대안이라 하더라도 적절하게 실행되지 않으면 문제를 해결할 수 없기 때문이다.

집단의사결정의 장단점

기업에서는 개인적 의사결정뿐만 아니라 집단에 의한 의사결정이 필요할 때도 있다. 집단 의사결정은 개인의사결정과 비교하여 분명한 장단점이 있다. 먼저 집단의사결정의 장점을 알아보자.❷ 첫째, 보다 완전한 정보의 제공이 가능하다. 한 사람이 가지고 있는 지식과 정보보다 집단이 가지고 있는 지식과 정보가 더 많은 것이 전형적이다. 둘째, 더 많은 대안의 개발이 가능하다. 셋째, 의논을 통해 대안이 개발되었기 때문에 최선의 대안이 수락될 가능성이 높아진다. 넷째, 개인적으로 결정한 것보다 다수에 의한 집단결정은 합법성이 증가된 것으로 지각된다.

물론 그룹 의사결정의 단점도 있다. 첫째, 여러 사람의 의견을 수용하고 토론하는 데는 많은 시간이 소요되는 것이 일반적이다. 둘째, 소수가 집단을 지배한다. 집단의 구성원들은 모든 면에 동등할 수 없기 때문에 모든 구성원이 동일한 영향력을 발휘하지 못한다. 셋째, 집단 내에서 사회적 압력이 존재한다. 다른 의견을 가진 구성원은 대다수가 수용하는 대안에 순응하도록 압력을 받는다. 넷째, 의사결정의 책임소재가 불분명하다.

브레인스토밍 |

창의적인 집단의사결정을 위해 활용되는 기법에는 브레인스토밍 Brainstorming, 노미널 집단기법Nominal group technique, 그리고 델파이 집단기법Delphi technique이 있다.

먼저 브레인스토밍은 집단 구성원들이 문제해결을 위해 머리에 떠오르는 아이디어를 즉흥적으로 제시하도록 하는 방법이다. 이 방법의 기본적인 목적은 제안된 아이디어의 실천가능성 여부를 떠나 창의적인 대안을 많이 만들어 내려는 데에 있다. 전형적인 브레인스토밍은 6-12명으로 구성된 집단이 탁자에 둘러앉아 집단 리더에 의해 설명된 구체적인 문제를 해결하기 위해 모두가 새로운 아이디어를 제출한다.

브레인스토밍을 위해 지켜야 할 네 가지 원칙이 있다. 첫째, 비판금지의 원칙이다. 아무리 엉뚱한 아이디어라도 서로가 비판하지 말아야 한다. 둘째, 자유분방의 원칙이다. 마음에 떠오르는 것은 무엇이든지 제출하도록 한다. 셋째, 질보다 양의 원칙이다. 우수한 해결책보다는 양적으로 많은 아이디어를 제안하도록 한다. 넷째, 결합 및 개선의 추구 원칙이다. 유사한 아이디어는 결합하여 개선할 수 있는 아이디어를 만들도록 한다.

노미널 집단기법 |

노미널 집단기법에서는 모임의 진행순서가 정해져 있고 의사결정과정에서는 상호간의 의사소통을 하거나 논의를 하는 것을 제한한다. 이 방법은 브레인스토밍과는 달리, 구성원들이 전통적인 회의에서와 마찬가지로 회의장에 출석하여 상호 독립적으로 문제해결을 위한 창의적인 아이디어를 제안하도록 한다.

노미널 집단기법은 다음과 같은 절차에 의해 진행된다.

첫째, 구성원들은 집단으로 함께 만난다. 그러나 토론에 앞서 각 구성원들은 독자적으로 문제에 대한 아이디어를 각각 종이에 적는다.

둘째, 각 개인이 돌아가면서 그 문제에 대한 아이디어를 순서대로 발표한다. 아이디어들은 중복되지 않도록 칠판 같은 곳에 기록한다. 그러나 아이디어가 다 기록될 때까지 토론은 허용하지 않는다.

셋째, 구성원들은 새로운 아이디어의 내용을 분명히 하기 위해 토론하고 평가를 하도록 한다.

넷째, 각 구성원들은 말 없이 독자적으로 모든 아이디어에 대해 서열을 매긴다. 그리하여 종합순위서열이 최고인 아이디어가 최종결정으로 채택된다.

델파이 집단기법 |

델파이 집단기법에서는 공식적인 회합이 없이 많은 전문가들로부터 전문적 의견을 수집하기 위해 설문지를 사용한다. 브레인스토밍이나 노미널 집단기법과는 달리 델파이 집단에 참여한 사람들은 대면하는 회합이 없고 또 지리적으로 다른 지역에 살고 있기 때문에 서로 얼굴을 볼 우려는 없다. 델파이 집단기법은 다음과 같은 단계를 거쳐 진행된다.

첫째, 문제가 정의되면 각 구성원들에게 설문지를 발송하고 각자는 설문지에 자신의 의견을 답하여 그 설문지를 회송하도록 요청한다.

둘째, 각 구성원들은 독자적으로, 그리고 익명으로 설문지를 완성하여 회송하도록 한다.

셋째, 진행담당부서는 첫 번째 설문지의 결과를 수집하여 분석하고 정리한 것을 다시 각 구성원들에게 발송한다.

넷째, 구성원들은 첫 번째 설문결과를 검토하여 제안한 해결책을 수정하거나 전혀 새로운 해결책을 다시 제안하여 설문서를 회송한다.

다섯째, 의견합일에 도달할 때까지 전술한 셋째와 넷째의 과정을 필요한 대로 반복한다.

예수 그리스도의 의사결정원리 ׀

그리스도인들은 예수 그리스도를 모든 삶의 모델로 삼고 생활하는 사람들이다. 따라서 그리스도인 경영자라면 예수 그리스도가 어떤 원리를 가지고 의사결정을 하였는가에 관심을 가지지 않을 수 없다.

성경을 통해 예수 그리스도의 의사결정원리를 살펴보자. 그리스도는 철저하게 자신의 뜻이 아니라 하나님의 뜻을 행하기로 선택하였다. 그는 요한복음에서 자신이 하늘에서 내려온 목적은 자신의 뜻을 행하기 위한 것이 아니고 자신을 보내신 아버지의 뜻을 행하기 위함이라고 말하고 있다.

"내가 하늘에서 내려온 것은 내 뜻을 행하려 함이 아니요 나를 보내신 이의 뜻을 행하려 함이니라" 요한복음 6장 38절.

예수 그리스도는 하나님 아버지께서 자신을 세상에 보내신 뜻을 늘 분명히 기억하고 사셨다. 아버지의 뜻은 자신에게 주신 자를 하나도 잃어버리지 아니하고 마지막 날에 다시 살리는 것이라고 제자들에게 말씀하셨다. 그리스도는 이것을 제자들이 쉽게 이해할 수 있도록 여러 차례 반복하셨다.

"내 아버지의 뜻은 아들을 보고 믿는 자마다 영생을 얻는 이것이니 마지막 날에 내가 이를 다시 살리리라" 요한복음 6:40.

예수 그리스도께서 아버지 뜻을 의사결정의 기준으로 삼은 다른 예는 겟세마네에서 기도하실 때에도 잘 나타나 있다.

"내 아버지여 만일 할 만하시거든 이 잔을 내게서 지나가게 하옵소서 그러나 나의 원대로 마시옵고 아버지의 원대로 하옵소서" 마태복음 26:39.

가장 중요한 의사결정

사람들은 인생에 있어서 세 가지 중요한 의사결정이 있다고 한다. 첫째, 어떤 직업을 가지고 다른 사람을 섬기면서 의미있게 살 수 있을까? 둘째, 내게 가장 알맞은 배우자로 누구를 선택할 것인가? 셋째, 세상을 어떤 눈으로 바라볼 것인가? 세 가지 질문에 답하는 것은 결국 직업의 선택, 배우자의 선택, 그리고 세계관의 선택이다.

성경 전체를 볼 때 가장 중요한 의사결정은 자신이 예배할 자를 선택하는 문제라고 볼 수 있다. 성경은, 피조물인 인간은 창조주이신 여호와 하나님을 예배하면서 살 때 가장 행복한 삶을 살 수 있다고 여러 곳에서 기록하고 있다. 신명기의 말씀을 읽어 보자.

"이스라엘아 네 하나님 여호와께서 네게 요구하시는 것이 무엇이냐 곧 네 하나님 여호와를 경외하여 그의 모든 도를 행하고 그를 사랑하며 마음을 다하고 뜻을 다하여 네 하나님 여호와를 섬기고 내가 오늘 네 행복을 위하여 네게 명하는 여호와의 명령과 규례를 지킬 것이 아니냐" 신명기 10:12-13.

여호수아는 이스라엘 백성이 여호와 하나님과 이방 신들 사이에서 머뭇거릴 때 어느 한 쪽을 선택하여 섬기도록 결단을 촉구하였다.

"만일 여호와를 섬기는 것이 너희에게 좋지 않게 보이거든 너희 조상들이 강 저쪽에서 섬기던 신들이든지 또는 너희가 거주하는 땅에 있는 아모리 족속의 신들이든지 너희가 섬길 자를 오늘 택하라 오직 나와 내 집은 여호와를 섬기겠노라" 여호수아 24:15.

예수 그리스도는 오늘날의 이방 신은 재물이 될 수 있다는 것을 아시고 제자들에게 산상수훈에서 이렇게 말씀하셨다.

"한 사람이 두 주인을 섬기지 못할 것이니 혹 이를 미워하고 저를 사랑하거나 혹 이를 중히 여기고 저를 경히 여김이라 너희가 하나님과 재물을 겸하여 섬기지 못하느니라" 마태복음 6:24.

결국 인생에서 가장 중요한 선택은 자신이 예배할 주인에 대한 의사결정을 하는 것인데 그리스도는 자신을 따르는 자는 재물이 아니라 하나님을 주인으로 선택해야 한다고 말씀하시고 있다.

성경에서 찾은 의사결정사례

누가복음 16장에 소개되는 '불의한 청지기의 비유' 에서 의사결정 사례를 확인할 수 있다. 먼저 본문을 읽어 보자.

누가복음 16:1-13

- 문제의 정의
- 의사결정목표의 확인
- 대안개발
- 대안평가
- 최적대안의 선택
- 최적대안의 실행

또한 제자들에게 이르시되 어떤 부자에게 청지기가 있는데 그가 주인의 소유를 낭비한다는 말이 그 주인에게 들린지라. 주인이 그를 불러 이르되 내가 네게 대하여 들은 이 말이 어찌 됨이냐 네가 보던 일을 셈하라 청지기 직무를 계속하지 못하리라 하니 청지기가 속으로 이르되 주인이 내 직분을 빼앗으니 내가 무엇을 할까 땅을 파자니 힘이

없고 빌어 먹자니 부끄럽구나.

내가 할 일을 알았도다 이렇게 하면 직분을 빼앗긴 후에 사람들이 나를 자기 집으로 영접하리라 하고 주인에게 빚진 자를 일일이 불러다가 먼저 온 자에게 이르되 네가 내 주인에게 얼마나 빚졌느냐. 말하되 기름 백 말이니이다 이르되 여기 네 증서를 가지고 빨리 앉아 오십이라 쓰라 하고

또 다른 이에게 이르되 너는 얼마나 빚졌느냐 이르되 밀 백 석이니이다 이르되 여기 네 증서를 가지고 팔십이라 쓰라 하였는지라.

주인이 이 옳지 않은 청지기가 일을 지혜 있게 하였으므로 칭찬하였으니 이 세대의 아들들이 자기 시대에 있어서는 빛의 아들들보다 더 지혜로움이니라. 내가 너희에게 말하노니 불의의 재물로 친구를 사귀라 그리하면 그 재물이 없어질 때에 그들이 너희를 영주할 처소로 영접하리라.9절

지극히 작은 것에 충성된 자는 큰 것에도 충성되고 지극히 작은 것에 불의한 자는 큰 것에도 불의하니라.10절 너희가 만일 불의한 재물에도 충성하지 아니하면 누가 참된 것으로 너희에게 맡기겠느냐.11절 너희가 만일 남의 것에 충성하지 아니하면 누가 너희의 것을 너희에게 주겠느냐.12절 집 하인이 두 주인을 섬길 수 없나니 혹 이를 미워하고 저를 사랑하거나 혹 이를 중히 여기고 저를 경히 여길 것임이니라 너희는 하나님과 재물을 겸하여 섬길 수 없느니라.13절

의사결정과정의 첫 단계는 문제나 기회를 확인하는 것이다. 이 비유에서 문제는 청지기가 실직하게 된 것이다. 실직의 원인은 주인의 소유를 낭비하였기 때문이다. 따라서 문제해결의 목표는 자신이 청지기 직분을 잃은 후 자신의 미래를 위한 대책을 수립하는 데 있었다. 실

직 후에 자신을 영접할 수 있는 사람을 찾는 것을 문제해결의 목표로 설정하였다.

그는 문제를 해결할 대안을 탐색하였다. 자신의 마음을 사용해서 여러 가지 대안을 찾아내고 있었다. 세 가지 대안을 발견하였다. 땅을 파는 일, 빌어먹는 일, 그리고 주인에게 빚진 자의 빚을 탕감해주는 일을 각각 대안으로 개발하였다.

청지기는 각 대안에 대해 평가를 하였다. 청지기는 땅을 파는 일은 힘이 없어 곤란하고 빌어먹는 일은 부끄러워서 하기 힘들겠다고 평가를 한다. 그리고 최적대안으로 주인에게 빚진 자를 불러 그 빚의 일부를 탕감해주는 일을 선택한다. 마지막으로, 청지기는 주인에게 빚진 자의 빚의 일부를 탕감해주는 최적대안을 곧바로 실행에 옮긴다.

예수 그리스도는 이 비유를 통해 인생에서 가장 중요한 의사결정이라고 할 수 있는 예배의 대상으로 두 대안, 즉 하나님과 재물이 있다는 것을 전제하고 있다. 그리고 아무도 이 두 주인을 동시에 섬길 수 없기 때문에 둘 중에 하나를 선택해야 한다는 사실을 알려주시고 있다.

그리스도는 이것이 인생에서 가장 중요한 의사결정이기 때문에 두 대안, 즉 재물과 하나님의 속성을 잘 알고 최적 대안을 선택할 수 있도록 누가복음 16장 9절부터 12절까지 4절에 걸쳐서 설명하고 있다.

먼저, 예수 그리스도는 9절에서 재물은 불확실성을 가지고 있는 반면에 하나님은 확실성이 있다는 것을 우리에게 암묵적으로 교훈하시고 있다. 재물은 변동성이 많지만 하나님은 어제나 오늘이나 영원토록 변하지 않으신다.

둘째, 10절에서는 재물은 가치가 지극히 작지만 하나님은 그 가치가 무한하다는 사실을 알려주시고 있다. 재물은 하나님이 창조한 피조물로서 그 가치가 사람이나 하나님에 비하면 상대적으로 작다.

셋째, 11절에 의하면 재물은 거짓된 부이지만 하나님은 참된 부이다. 우리가 돈을 아무리 사랑하더라도 그것이 우리에게 만족을 주지 못하지만 하나님을 사랑하면 우리에게 행복을 주신다.

넷째, 12절에서는 그리스도께서 재물은 남의 소유이지만 하나님은 우리의 소유가 될 수 있다는 사실을 교훈해주고 있다. 우리는 우리 마음에 재물을 진정으로 소유할 수 없다. 그러나 우리는 믿음으로 하나님을 우리 마음에 영원히 소유할 수 있다.

이제 우리가 섬길 대안의 속성을 잘 이해했을 것이다. 이제 선택은 경영자 각자의 몫이다. 재물이 아니라 하나님을 예배의 대상으로 선택하지 않을 사람은 아무도 없을 것이다.

바울의 의사결정원리 |

고린도전서 10장을 통해서도 의사결정원리를 배울 수 있다. 먼저, 그리스도인은 음식문제에 있어서 선택의 폭이 넓다. 그러나 바울은 여기서 의사결정의 원리를 제시하고 있다.

“모든 것이 가하나 모든 것이 유익한 것은 아니요 모든 것이 가하나 모든 것이 덕을 세우는 것은 아니니 누구든지 자기의 유익을 구하지 말고 남의 유익을 구하라” 고린도전서 10:23-24.

고린도전서 10장 23절에서 모든 사람에게 유익한 것을 선택하여야 한다는 ‘유익성의 원리’ 와 모든 사람에게 덕을 세우도록 결정을 해야 한다는 ‘건덕의 원리’ 를 배울 수 있다.

이 두 원리를 기업에 적용한다면 기업의 재품이나 서비스가 모든 소비자에게 해를 끼치지 않고 유익이 되도록 만들어지게 해야 한다.

바울은 고린도전서 10장 31절에서 모든 의사결정의 기준이 될 하나의 근본적 원리를 제시하고 있다. 그것은 그리스도인들은 모든 의사결정을 할 때 하나님께 영광이 되도록 해야 한다는 원리이다.

"그런즉 너희가 먹든지 마시든지 무엇을 하든지 다 하나님의 영광을 위하여 하라" 고린도전서 10:31.

하나님의 영광을 위해 의사결정을 한다는 것은 무슨 뜻인가? 먼저, 소극적으로는 사람에게나 하나님의 교회에게 해를 끼치면 안 된다는 뜻이다. 보다 적극적으로는 모든 일에 모든 사람을 기쁘게 하여 자신의 유익을 구하지 아니하고 많은 사람의 유익을 구하는 의사결정을 하는 것을 의미한다.

08
정리를 위한 토론 문제

1. 알렉스 맥킨지는 “의사결정은 경영의 각 과정에서 계속 발생하는 연속적 기능 가운데 하나”라고 말하고 있습니다. 이것은 무엇을 의미하는지 쉬운 말로 설명해 봅시다.

2. 의사결정의 단계를 자신의 말로 설명하고 이것을 실제 상황에서 구체적인 예를 들어 설명해 봅시다.

3. 집단의사결정 기법으로 브레인스토밍의 아이디어를 설명해 봅시다. 또한 어떤 문제를 두고 이 기법을 사용해 봅시다.

4. 저자는 인생에서 가장 중요한 의사결정이 무엇이라고 주장하고 있습니까? 당신은 저자의 주장에 동의합니까? 그 이유도 함께 말해 봅시다.

5. ‘불의한 청지기의 비유’를 읽고 여기서 의사결정의 각 단계를 확인하고 설명해 봅시다.

09

의사소통과 성경적 의사소통원리

"이 모든 것을 깨달았느냐 하시니 대답하되 그러하오이다"마태복음 13:51.

"Have you understood all these things?" Jesus asked. "Yes," they replied.

의사소통communication이란 무엇인가? 의사소통은 '공통화시킨다'to make common는 뜻을 가진 라틴어인 communicare라는 단어에서 유래되었으며 정보를 전달하는 과정이라는 뜻이 내포되어 있다.[1] 이런 의미에서 정보가 전달되지 않는다면 의사소통은 일어나지 않는다. 또 정보가 전달만 되고 그 의미가 이해되지 않았다면 이 역시 의사소통이 이루어졌다고 할 수 없다.

의사소통의 정의와 중요성

시그밴드Sigband는 의사소통은 문자, 구두, 상징, 그리고 행동을 통해 아이디어, 의견 및 정보를 교환하는 것이라고 정의하고 있다.[2]

라이트Wright는 의사결정과 마찬가지로 의사소통도 경영자가 수행할 하나의 연속적 기능이라고 말하고 있다. 경영자가 계획, 조직, 충원, 지휘, 그리고 통제 기능을 수행할 때 끊임없이 의사소통을 하게 된다는 점에서 의사소통은 연속적 기능이다.

의사소통은 기업의 성과와 직결될 수 있기 때문에 매우 중요하다. 미국의 우주항공업체인 록히드 마틴사의 실제 예를 통해 그 중요성을 인식할 수 있을 것이다.[3] 이 회사는 대형수송기 계약서에 쉼표 하나를 잘못 찍는 바람에 7,000만 달러의 손실을 입게 되었다. 이 회사는 한 국가와 C-130J 허큘리스 수송기 판매계약을 하면서 판매가격을 해당 국가의 물가상승률에 연동하는 조항에서 콤마를 한 단위 아래에 잘못 찍었고 이 실수로 인해 싼값에 비행기를 넘기게 되었다는 것이다.

의사소통과정은 송신자가 메시지를 부호화하여 매체 또는 경로를 통해 수신자에게 전달하면 수신자는 이것을 해독하고 피드백하는 과정으로 이루어진다. 그리고 이 과정에서 잡음이 발생하여 메시지의 의미를 왜곡시키기도 한다.

이제 이 의사소통과정의 모든 요소를 살펴보자. 먼저 송신자는 상대방에게 메시지를 보내는 사람으로 원천이라고도 한다. 의사소통의 목적을 가진 사람으로 의사소통의 출발점인 셈이다.

의사소통의 두 번째 요소는 부호화이다. 부호화란 송신자의 정보, 즉 메시지를 수신자가 잘 이해할 수 있도록 상징, 단어, 그림, 몸짓 등의 체계화된 메시지로 변환시키는 과정을 말한다. 여기서 메시지란 송신자가 전달하는 상징적인 형태를 말한다. 부호화된 메시지는 네 가지 조건, 즉 기능, 태도, 지식, 그리고 사회문화체계에 의해 영향을 받는다.

의사소통의 세 번째 요소는 매체경로이다. 매체경로란 메시지가 송신자로부터 수신자에게 이동되는 경로를 말한다. 이것은 송신자가 선택한다. 공통적인 경로로는 이야기되는 말과 기록된 문서와 같은 매체가 선택된다. 물론 경우에 따라서는 몸짓과 같은 비언어적 매체가 사용될 수도 있다.

의사소통의 네 번째 요소는 해독이다. 해독은 송신자가 보낸 메시지를 수신자가 의미 있는 형태로 변환하는 과정을 말한다. 수신자는 자신이 갖고 있는 경험이나 지식과 태도에 따라 해석을 한다. 수신자의 해독이 송신자의 의도에 가까워질수록 효과적인 의사소통이 된다.

의사소통의 다섯 번째 요소는 수신자이다. 수신자는 발신자가 보낸 메시지를 수신하는 사람으로 해독자가 된다.

의사소통과정의 마지막 요소는 피드백이다. 이것은 수신자의 반응을 송신자에게 되돌려 전달하는 것을 말한다. 수신자로부터 피드백이 허용되지 않은 일방적 의사소통에서는 왜곡이 발생할 수 있기 때문에 수신자로부터의 피드백은 매우 중요하다.

의사소통과정에는 어떤 형태의 잡음이 일어나 의도한 메시지가 왜곡될 가능성이 항상 존재한다. 소음이라고도 하는 잡음은 의사소통의 모든 과정과 요소에서 발생할 수 있다는 것을 기억하고 이러한 잡음이 일어나지 않도록 주의를 기울일 필요가 있다.

지금까지 설명한 의사소통의 과정과 요소를 도시하면 〈그림 9-1〉과 같다.

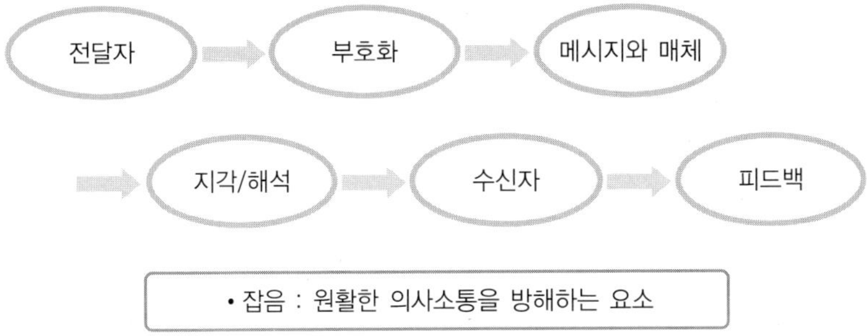

〈그림 9-1〉 의사소통의 과정과 요소

의사소통의 수단 ㅣ

조직 구성원들에게 가장 널리 사용되는 의사소통수단으로는 구두 의사소통, 문서 의사소통, 그리고 신체 언어와 말의 억양과 같은 비언어적 의사소통이 있다. 각 의사소통의 수단을 살펴보자.

먼저, 구두 의사소통은 말로 대화를 하여 의사소통을 하는 것이다. 구두 의사소통 형태에는 연설, 공식적인 개별토의나 집단토의, 비공식적인 토의 등이 있다.

구두 의사소통의 장점은 신속한 전달과 신속한 피드백을 할 수 있다는 것이다. 그러나 이 형태의 주요 단점은 메시지가 여러 사람을 거치는 동안에 왜곡될 수 있다는 것이다.

두 번째 의사소통의 수단으로 문서 의사소통이 있다. 문서 의사소통은 메모, 서신, 이메일e-mail, 보고서, 회사 소식지, 게시물 등 서면으로나 단어나 상징으로 전달하는 것을 말한다.

문서 의사소통은 구두 의사소통과는 달리 실체가 있고 입증할 수 있으며 영속적이다. 일반적으로 송신자와 수신자가 의사소통의 기록을 갖고 있으며 무기한적으로 메시지를 보관할 수 있다. 또 메시지의 내용에 의문이 있다면 물리적으로 문의할 수 있다. 그리고 문서 의사소통은 더욱 많은 사고를 요구하며 논리적이며 명확한 경향이 있다.

문서 의사소통의 단점은 명확해야 한다는 점 때문에 시간이 많이 소요되고 피드백에 문제가 있다는 것이다. 또 문서 의사소통에서는 수신자의 피드백이 부족할 수 있다.

세 번째 의사소통으로 비언어적 의사소통이 있다. 예를 들어, 교차로에 있는 신호등이나 자동차의 경적은 언어를 사용하지 않으면서 메시지를 전달하고 있다. 가장 널리 알려진 비언어적 의사소통은 신체언어와 말의 억양이다.

효과적인 의사소통의 장애물 |

어떻게 하면 효과적인 의사소통을 할 수 있을까? 먼저 효과적인 의사소통을 위해서는 이를 방해하는 장애물에 어떤 것이 있는지를 인지할 필요가 있다. 효과적인 의사소통의 장애물로 거르기, 선택적 인지, 정서, 언어, 정보과잉, 비언어적 신호, 시간압박이 있다.❹

의사소통을 방해하는 첫 번째 장애물은 거르기이다. 수신자에게 보다 선호되도록 불필요한 정보를 거르는 것을 말한다. 조직에서 수평적 계층구조가 길면 길수록 거르는 확률은 더 높아진다.

선택적 인지란 의사소통과정에서 수신자가 그들의 필요성, 동기, 경험, 그리고 개인의 특성에 따라 선택적으로 보고 들으려는 경향을 말한다. 수신자는 정보를 해독하면서도 자신의 관심과 기대를 반영한다.

정서도 효과적인 의사소통을 방해하는 요소가 된다. 정서란 메시지를 수신할 때 수신자가 느끼는 감정을 말한다. 동일한 메시지라도 감정에 따라 해석을 달리하는 경우가 종종 발생한다. 환호하거나 절망하는 극단적인 감정은 효과적인 의사소통을 크게 방해한다. 왜냐하면 그런 경우에는 명확하게 사고할 수 없기 때문이다.

효과적인 의사소통을 방해하는 또 다른 요소로 언어가 있다. 단어란 사람에 따라 다른 의미를 가질 수 있다. 나이, 교육, 그리고 문화적 배경은 한 사람이 사용하는 언어 및 단어의 정의에 영향을 미치는 세 가지 변수이다. 전문가들은 전문적인 단어나 기술적인 언어를 사용하기 때문에 이러한 현상은 더 심하게 나타난다.

지나치게 많은 정보과잉 현상도 효과적인 의사소통에 방해가 된다. 오늘날 경영자는 위, 아래로부터 정보를 받는다. 우리에게 정보가 대량으로 흘러들어 올 때 이를 중지시키거나 규제할 수 있는 자동장치가 존재하지 않는다.

비언어적 신호도 효과적인 의사소통을 하는 데 장애가 될 수 있다. 비언어적 의사소통이 구두 의사소통을 수반하여 동시에 사용될 때 두 가지 메시지가 일치된다면 전하는 메시지가 강화될 수 있다. 그러나 비언어적 메시지가 구두의 메시지와 다르다면 수신자는 혼란스럽게 되며 어느 메시지가 옳은지 알 수 없다.

경영자는 늘 시간의 압박을 받고 있다. 시간압박도 효과적인 의사소통을 하는 데 장애물이 된다. 어떤 경우에는 마감시간 직전에 의사결정을 해야 될 수 있다. 문제를 빨리 해결해야 하는데 공식적인 경로가 막혀버렸거나 메시지가 불완전하거나 애매할 때 시간압박은 의사소통을 방해하지 않을 수 없다.

효과적 의사소통을 위한 지침

효과적인 의사소통의 장애물을 극복하고 의사소통을 개선하기 위해서 경영자가 해야 할 일은 무엇일까? 다음과 같은 제안을 받아들일 때 보다 효과적인 의사소통이 가능할 것이다.

(1) 정보 흐름을 규제한다.

정보 흐름을 규제하지 않고 그냥 방치하면 경영자는 과잉정보에 의해 해를 입을 수 있다. 과잉정보를 줄이기 위해서 경영자는 중요한 메시지를 접수하고 그 중요성에 따라 우선순위를 부여할 필요가 있다.

(2) 피드백을 이용한다.

많은 의사소통의 문제는 잘못된 이해나 부정확성 때문에 발생한다. 만일 경영자가 의사소통과정에서 피드백을 사용한다면 이러한 문제를 상당히 줄일 수 있을 것이다. 예컨대, 경영자가 수신자에게 "내가 한 말을 알아듣겠소?" 하고 묻게 된다면 그 대답이 바로 피드백이 될 수 있다. 물론 경영자는 메시지가 자신이 의도한 대로 전달되었는지 확인하기 위하여 메시지에 대한 일련의 질문을 이해할 수 있다.

(3) 언어를 단순화한다.

언어가 효과적인 의사소통을 하는 데 하나의 장벽이 될 수 있으므로 경영자는 메시지의 단어와 구조를 선택하여 듣는 사람들이 명확하게 이해할 수 있도록 해야 한다. 경영자는 자신의 말을 단순화하고 직접 그 메시지를 듣는 사람들을 고려하여 그들에게 적합하게 하여야 한다.

(4) 적극적으로 청취한다.

어떤 사람들이 이야기를 하면 우리는 듣게 된다. 그러나 우리는 귀를 기울여 듣지 않을 때가 많다. 청취한다는 것은 소극적으로 듣는 것과는 달리 적극적인 의미를 가진다. 청취는 송신자와 수신자 모두 사고하는 것이다. 우리는 대부분 청취에 있어서는 빈약하다. 그 이유는 청취가 어렵고 힘들기 때문이다. 또 보통 듣기보다는 말하는 것이 더 만족스럽기 때문이다.

(5) 감정을 절제한다.

경영자는 항상 합리적인 방법으로 의사소통을 행한다고 볼 수 없다. 경영자의 감정이 의미의 전달을 모호하게 하거나 왜곡시키는 경우가 많다. 만일 경영자가 감정적으로 흥분되어 있다면 그가 듣는 메시지를 잘못 해석하기 쉽다. 이런 때는 흥분된 감정을 가라앉히고 나서 메시지를 듣는 것이 좋다.

(6) 비언어적 단서를 주시한다.

우리는 행동이 말보다 더 큰 영향력을 가지고 있다는 것을 인식하고 있다. 경영자는 수신자가 자신의 말에 공감하고 있는지, 또 말을 강화하기 위해 수신자의 행동이 어떤지 살필 필요가 있다. 이렇게 해야 하는 이유는 비언어적 메시지가 언어보다 더 큰 비중을 지니고 있기 때문이다.

우리는 성경에서 의사소통의 원리를 배울 수는 없는가? 물론 배울 수 있다. 성경에서 말하는 의사소통의 원리를 몇 가지 정리해 보자.

성경에서 배우는 의사소통의 원리 |

먼저, 입으로 거짓이 아니라 진실을 말하도록 해야 한다. 이것을 '정직의 원리'라 할 수 있다. 출애굽기 20장 16절에 나오는 제9계명은 "네 이웃에 대하여 거짓 증거하지 말라."고 말한다.

솔로몬도 사람은 속이는 말이 아니라 진리를 말해야 한다고 제9계명을 지지하고 있다.

"진리를 말하는 자는 의를 나타내어도 거짓 증인은 속이는 말을 하느니라" 잠언 12:17.

예수 그리스도께서도 정직한 말을 하도록 이같이 말씀하시고 있다.

"오직 너희 말은 옳다 옳다, 아니라 아니라 하라 이에서 지나는 것은 악으로부터 나느니라" 마태복음 5:37.

언어의 절제원리 |

둘째, 말을 절제하여야 한다. 이것을 '언어의 절제원리'라 할 수 있다. 솔로몬은 입술을 제어하는 자가 지혜가 있다고 말하고 있다.

"말이 많으면 허물을 면하기 어려우나 그 입술을 제어하는 자는 지혜가 있느니라" 잠언 10:19.

예수 그리스도께서는 사람은 마음에 가득한 것을 말하기 때문에 악인은 선한 말을 할 수 없다고 말씀하셨다. 또한 우리가 무슨 말을 하든지 그것에 대한 심판을 받게 되기 때문에 우리는 늘 선한 말을 하여야 함을 경고하시고 있다.

"독사의 자식들아 너희는 악하니 어떻게 선한 말을 할 수 있느냐
이는 마음에 가득한 것을 입으로 말함이라
선한 사람은 그 쌓은 선에서 선한 것을 내고
악한 사람은 그 쌓은 악에서 악한 것을 내느니라
내가 너희에게 이르노니 사람이 무슨 무익한 말을 하든지
심판 날에 이에 대하여 심문을 받으리니
네 말로 의롭다 함을 받고 네 말로 정죄함을 받으리라" 마태복음 12:34-37.

야고보도 혀가 비록 작은 지체지만 이의 영향력은 엄청나다고 말하면서 혀를 길들이기가 매우 어렵다고 말하고 있다.

"이와 같이 혀도 작은 지체로되 큰 것을 자랑하도다 보라 얼마나 작은 불이 얼마나 많은 나무를 태우는가 혀는 능히 길들일 사람이 없나니 쉬지 아니하는 악이요 죽이는 독이 가득한 것이라" 야고보 3:5, 8.

경청의 원리 |

셋째, 사람은 귀를 기울여 상대방의 말을 경청하여야 한다. 이것을 '경청의 원리' 라 할 수 있다.

솔로몬은 잠언을 통해 여러 곳에서 자녀들이 부모의 말에 귀를 기울여 경청하는 것이 지혜롭다고 말하고 있다.

"지혜로운 아들은 아비의 훈계를 들으나 거만한 자는 꾸지람을 즐겨 듣지 아니하느니라" 잠언 13:1.

예수 그리스도께서도 하나님의 말씀에 귀를 기울여 듣도록 여러 곳에서 말씀하셨다. 예컨대, 마태복음 13장에서 천국의 비유를 말씀하시면서 "귀 있는 자는 들으라" 마태복음 13:9고 말씀하셨다. 또한 그는 천국의 말씀을 듣는 자가 행복한 사람이라고 말씀하셨다.

"그러나 너희 눈은 봄으로, 너희 귀는 들음으로 복이 있도다" 마태복음 13:16.

야고보도 사람이 말하는 것은 천천히 하고 듣는 것은 속히 하도록 권면하고 있다.

"내 사랑하는 형제들아 너희가 알지니 사람마다 듣기는 속히 하고 말하기는 더디 하며 성내기도 더디 하라" 야고보 1:19.

잘못된 의사소통의 이유와 해결방법

성경은 잘못된 의사소통의 이유와 해결방법을 제시하고 있다. 잘못된 의사소통의 이유에는 두 가지가 있다. 하나는 사람은 자신의 근원적인 불안정을 숨기려는 욕구가 있기 때문이다. 우리는 자신을 보다 낫게 보이려고 다른 사람을 끌어 내리기도 한다. 또는 다른 사람을 나쁘게 보면서 상대방에게 변명할 기회도 주지 않고 비난을 다른 사람에게 돌릴지도 모른다. 사실은 우리는 정확성이나 공정성, 그리고 화해에는 거의 관심을 가지지 않을 수도 있다. 결과는 전혀 생각지 않고 우리 자신의 나약함을 감추기 위해 우리의 감정을 다른 사람에게 퍼붓기도 한다.

잘못된 의사소통을 하게 되는 또 다른 이유는 개인적인 상처이다. 어떤 사람들은 자신이 상처에 대해 책임을 지고 의기소침해 한다. 그들은 비난을 자신에게 돌려서 자존감을 낮추기도 한다. 또 다른 사람들은 자신의 상처를 전혀 관련이 없는 제삼자에게 돌린다. 그들은 자신의 상처를 누가 그렇게 만들었는지 만나는 사람마다 붙들고 말하기도 한다.

상처나 이로 말미암은 분노는 문제해결에 전혀 도움이 될 수 없는 사람에게 분출됨으로써 끝나거나 사장될 수 있다. 분노의 분출은 일시적으로 감정적인 안도감을 주지만 화해를 가져오지 못하고 가끔 다른 사람에게 상처를 입히기도 한다.

만일 우리가 우리 자신의 불안정과 받은 상처를 해결하려면 당사자 모두가 모여서 토론을 하고 그 원인을 찾아야 한다. 하나님께서 우리에게 이렇게 말씀하신다.

"분을 내어도 죄를 짓지 말며 해가 지도록 분을 품지 말고" 에베소서 4:26.

중상이나 모략은 직장에서 빈번하게 발생한다. 하나님은 우리에게 그러한 문제들을 다루는 방향을 제시해 주셨다.

먼저, 솔로몬이 제시하는 해결방법부터 살펴보자. 솔로몬은 잘못된 의사소통을 해결하기 위해서는 이해당사자 모두의 말을 들어야 한다고 권면하고 있다.

"송사에서는 먼저 온 사람의 말이 바른 것 같으나 그의 상대자가 와서 밝히느니라" 잠언 18:17.

예수 그리스도는 우리가 다른 사람으로부터 해를 입었다고 생각되는 상황을 해결할 수 있는 방법을 구체적으로 제시해 주셨다. 물론 이 구절들은 교회의 형제자매에게 적용되지만 기업에도 적용될 수 있다.

"네 형제가 죄를 범하거든 가서 너와 그 사람과만 상대하여 권고하라 만일 들으면 네가 네 형제를 얻은 것이요

만일 듣지 않거든 한두 사람을 데리고 가서 두세 증인의 입으로 말마다 확증하게 하라

만일 그들의 말도 듣지 않거든 교회에 말하고 교회의 말도 듣지 않거든 이방인과 세리와 같이 여기라" 마태복음 18:15-17.

첫 단계는 잘못을 행한 사람과 직접 만나서 불평에 대해 토론하는 것이다. 성경은, 만일 대화로 그 문제가 해결된다면 우리의 관계가 회복될 것이라고 말한다.

이렇게 해서 문제가 해결되지 않는다면 둘째 단계로 다른 한 두 사람을 동반해서 문제에 대해 토론하는 방법이 있다. 동반한 사람들이 의사소통과정에서 도움을 줄 수도 있다. 또한 그들은 객관성을 가지고 있다. 종종 제삼자가 당사자들이 전혀 생각해내지 못한 해결방안을 제안할 수 있다.

마지막 단계는 권위자에게 그 사건에 대해 보고하는 방법이다. 기업에서는 감독자가 여기에 해당된다. 이것도 물론 그 목적은 좋은 해결책을 찾기 위한 것이다.

09
정리를 위한
토론 문제

1. 의사소통을 자신의 말로 정의하고 개인의 생활이나 직장생활에서 의사소통의 중요성을 말해 봅시다.

2. 의사소통의 과정과 요소를 말해 봅시다. 메시지가 정확하게 전달되기 위해서는 어느 요소가 가장 중요하다고 생각합니까?

3. 의사소통의 중요한 수단을 말하고 각 수단의 장단점에 대해 말해 봅시다.

4. 효과적인 의사소통을 하기 위해서는 어떻게 해야 합니까?

5. 직장생활에서 의사소통의 문제로 어려움을 겪은 적이 있다면 그 문제를 해결하기 위해 어떻게 하였는지 나누어 봅시다. 또 성경적인 해결책은 무엇인지 말해 봅시다.

10
하나님과의 의사소통수단

"너희 중에 누구든지 지혜가 부족하거든 모든 사람에게 후히 주시고 꾸짖지 아니하시는 하나님께 구하라 그리하면 주시리라"야고보서 1:5.

If any of you lacks wisdom, he should ask God, who gives generously to all without finding fault, and it will be given to him.

우리는 앞 장에서 의사소통에 대해 학습하였다. 그런데 9장에서 다룬 의사소통은 사람과 사람 간의 의사소통이다. 그리스도인은 사람과의 의사소통만 하는 사람이 아니라 하나님과도 의사소통을 하면서 경영활동을 한다.

기도는 하나님과의 의사소통의 수단

하나님과의 의사소통방법이 바로 기도이다. 라이트Wright는 기도는 하나님에 대한 의존성을 인정하는 것이라고 말하고 있다.[1] 또한 그는 기도에 대해 이렇게 말하고 있다. "기도는 지혜를 추구하고, 하나님의 관점에서 일을 바라보고, 예수 그리스도의 눈으로 자신의 일을 바라보는 방법이다."

그런데 우리는 왜 기도해야 하는가? 성경적 세계관에 의하면 사람은 기도로 하나님과 의사소통을 하면서 살아가는 존재로 창조되었다. 그 후에 인간이 타락하여 하나님과 기도로 교제하는 삶을 기피하게 되었지만 하나님은 죄를 지은 아담에게도 찾아오셔서 대화를 하신 것을 알 수 있다.

창세기 3장 9절은 아담과 하와가 범죄한 날 바람이 불 때 동산에 거니시는 여호와 하나님의 소리를 듣고 아담과 그의 아내가 여호와 하나님의 낯을 피하여 동산 나무 사이에 숨었다고 기록하고 있다. 여호와 하나님이 아담을 부르시며 이렇게 말씀하셨다.

"네가 어디 있느냐?"

아담은 여호와 하나님께 이렇게 대답하였다.

"내가 동산에서 하나님의 소리를 듣고 내가 벗었으므로 두려워하여 숨었나이다."

그 이후에도 여호와는 에녹과 노아, 아브라함 등에게 나타나셔서 말씀하셨고 이들은 하나님의 말씀에 순종해서 축복을 받으며 살았다. 이러한 사실을 히브리서 기자는 이렇게 기록하고 있다.

"옛적에 선지자들을 통하여 여러 부분과 여러 모양으로 우리 조상들에게 말씀하신 하나님이 이 모든 날 마지막에는 아들을 통하여 우리에게 말씀하셨으니 이 아들을 만유의 상속자로 세우시고 또 그로 말미암아 모든 세계를 지으셨느니라" 히브리서 1:1-2.

사람은 죄로 말미암아 단절된 하나님과의 관계를 예수 그리스도를 통하여 구속을 받고 다시 아들의 관계를 회복하여 하나님과 기도로 교제하는 삶을 살 수 있도록 설계되었다.

경영자가 기업을 경영하다 보면 경영상의 여러 가지 어려운 문제에 직면할 수 있다. 사람이 어려운 환경에 처하면 그가 하나님의 사람이라면 하나님께 어려운 문제를 해결해 주도록 요청을 하도록 되어 있다. 이 사실은 시편 107편에 잘 나타나 있다. 이 시편에는 사람들의 영적 상태의 사이클이 잘 나타나 있다. 우리는 이 시편의 네 부분에서 동일한 영적 사이클을 발견할 수 있다. 그 중에서 한 부분을 읽어 보자.❷

"그들이 광야 사막 길에서 방황하며 거주할 성읍을 찾지 못하고
주리고 목이 말라 그들의 영혼이 그들 안에서 피곤하였도다
이에 그들이 근심 중에 여호와께 부르짖으매 그들의 고통에서 건지시고
또 바른 길로 인도하사 거주할 성읍에 이르게 하셨도다
여호와의 인자하심과 인생에게 행하신 기적으로 말미암아 그를 찬송할지로다
그가 사모하는 영혼에게 만족을 주시며 주린 영혼에게 좋은 것으로 채워주심이로다" 시편 107:4-9.

이 시를 잘 읽어보면 이스라엘 백성들의 영적 패턴을 발견할 수 있다. 즉, 이스라엘은 위기가 발생되면 근심과 고통 속에서 여호와께 기도로 사정을 아뢰고 하나님은 이 기도를 들으시고 그들을 위기에서 구원하신다. 그 후에 이스라엘은 자신들을 구원해주신 하나님께 감사하고 찬양을 드린다.

하나님을 믿는 경영자도 동일한 패턴을 가질 수 있다. 이것을 '경영자의 영적 사이클' 이라 부를 수 있다. 기업경영자가 경영상의 어려움에 직면하게 되면 자연적으로 기도하게 될 것이고 하나님은 그 기도를 듣고 문제를 해결해주실 것이다. 이 사이클을 다음과 같이 〈그림 10-1〉로 나타낼 수 있다.

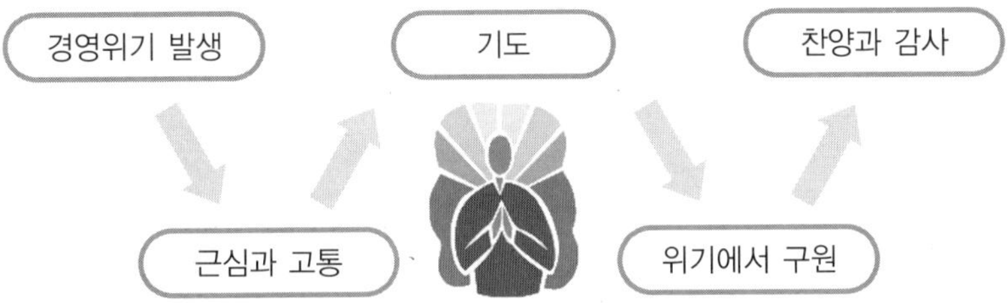

〈그림 10-1〉 경영자의 영적 사이클과 기도

하나님의 지식과 지혜의 보고

성경 말씀은 경영의 기초가 되는 하나님의 지식과 지혜의 보고다. 시편 107편 19절과 20절에는 이스라엘 백성이 자신의 고통 때문에 여호와께 기도하자 여호와께서는 말씀을 보내어 그들을 고치시고 위험한 지경에서 구원하셨다고 기록되어 있다.

"이에 그들이 그들의 고통 때문에 여호와께 부르짖으매 그가 그들의 고통에서 그들을 구원하시되 그가 그의 말씀을 보내어 그들을 고치시고 위험한 지경에서 건지시는도다" 시편 107:19-20.

또 시편 기자는 주의 말씀이 자신을 원수나 스승, 그리고 노인보다 더 지혜롭게 만들었다고 노래하고 있다. 그래서 이 시인은 주의 법을 너무 사랑하게 되었고 그 사랑의 증거로 주의 말씀을 종일 작은 소리로 읊조린다고 고백하고 있다.

"주의 계명들이 항상 나와 함께 하므로 그것들이 나를 원수보다 지혜롭게 하나이다

내가 주의 증거들을 늘 읊조리므로 나의 명철함이 나의 모든 스승보다 나으며

주의 법도들을 지키므로 나의 명철함이 노인보다 나으니이다" 시편 119: 98-100.

기도와 말씀의 통합 : 쌍방적 의사소통

저자는 한 논문에서 그리스도인은 기도와 말씀을 통합한 쌍방적 의사소통이 필요하다는 주장을 하고 있다.❸ 한편으로는 기도로 경영사정을 하나님께 보고하고, 다른 한편으로는 하나님으로부터 경영상의 문제를 해결하기 위한 말씀을 응답받아야 한다.

예수 그리스도는 우리가 기도할 때에 성령을 구해야 한다고 누가복음에서 강조하고 있다.❹ 왜 성령을 사모하고 구해야 하는가?

첫째, 하나님은 성령으로 우리와 영원토록 함께 거하신다. 그 이유는 성령이 하시는 역할과 관계가 있다.

"내가 아버지께 구하겠으니 그가 또 다른 보혜사를 너희에게 주사

영원토록 너희와 함께 있게 하리니" 요한복음 14:16.

둘째, 성령은 우리에게 경영을 비롯한 모든 것을 가르치시고 생각나게 하신다.

"보혜사 곧 아버지께서 내 이름으로 보내실 성령 그가 너희에게 모든 것을 가르치고 내가 너희에게 말한 모든 것을 생각나게 하리라" 요한복음 14:26.

셋째, 성령은 모든 진리 가운데로 인도하시고 오직 듣는 것을 말하며 장래 일을 우리에게 알게 하신다.

"그러나 진리의 성령이 오시면 그가 너희를 모든 진리 가운데로 인도하시리니 그가 스스로 말하지 않고 오직 들은 것을 말하며 장래 일을 너희에게 알리시리라" 요한복음 16:13.

넷째, 성령은 예수 그리스도의 의와 평강과 희락을 누리게 하신다.

"의에 대하여라 함은 내가 아버지께로 가니 너희가 다시 나를 보지 못함이요" 요한복음 16:10.

"평안을 너희에게 끼치노니 곧 나의 평안을 너희에게 주노라 내가 너희에게 주는 것은 세상이 주는 것과 같지 아니하니라 너희는 마음에 근심하지도 말고 두려워하지도 말라" 요한복음 14:27.

"내가 이것을 너희에게 이름은 내 기쁨이 너희 안에 있어 너희 기쁨을 충만하게 하려 함이라" 요한복음 15:11.

기도로 경영위기를 극복한 사례들 ㅣ

이제 기도로 경영위기를 극복한 기독실업인의 실제 사례를 통해 기도가 얼마나 능력이 강한 경영수단이 되는지 체감하도록 해보자. 검토할 기독실업인은 이랜드 그룹의 박성수 회장, 성주 인터내셔널의 김성주 회장, United States Plastic Corporation의 스탠리 탬Stanley Tam 사장이다.❺

먼저, 이랜드 그룹의 박성수 회장이 기도로 경영상의 문제를 해결한 사례부터 살펴보자. 세 가지를 들어보기로 한다.

기도의 결과로 프랜차이즈 사업을 시작 ㅣ

첫째는 기도로 프랜차이즈 사업을 시작하게 된 경우이다. 박성수 회장은 28세의 나이에 이화여대 앞에서 사람이 잘 다니지도 않는 골목에서 두 평 남짓한 옷 가게를 열어 사업을 시작했다.❻ 그는 당시에 이렇게 기도했다.

"하나님 아버지, 이 가게가 잘 되게 해주세요. 지금은 비록 이렇게 작게 시작하지만 나중에 심히 창대하게 되어 하나님께 영광을 돌리게 해주세요."

1년 뒤 기도응답은 이렇게 나타났다. 이화여대에 다니는 친구를 만나기 위해 온 경희대 여학생이 이 가게에 들렀다 갔다. 이때 그 여학생이 퇴직하여 집에서 놀고 있는 자기 언니에게 적당한 직업을 찾아주려다가 떠올린 생각이 바로 프렌차이즈였다. 이것이 이랜드가 프랜차이즈 사업을 시작하게 된 계기가 되었다. 프렌차이즈 아이디어는 박회장이 낸 것이 아니라 순전히 고객이 선사한 아이디어였다. 그래서 박회장은 하나님이 기회를 주실 때 사람을 통해서 주신다고 생각하게 되었다.

기도로 7억 원의 경영자금을 조달

둘째는 기도로 자금을 조달한 사례이다. 1980년대에는 은행으로부터 돈을 대출받을 때는 웃돈을 얹어줘야 하는 관행이 있었다. 이랜드가 자금이 필요할 때 박회장은 이렇게 기도하였다.[7]

"하나님, 길을 열어주십시오. 제발 이 난국을 타개할 수 있는 길을 열어주십시오."

기도를 하고 나서 기다리고 있었다. 그러던 중에 어느 날 은행 지점장이 박 회장을 찾아와서 돈이 필요하지 않느냐고 물었다. 박 회장은 이랜드는 법정금리 이외에 따로 돈을 줄 수 없다고 설명하였다.

또 박 회장은 속으로 "1억 정도 요청할까?" 생각하고 있었는데 그 지점장은 "7억 정도부터 시작하면 어떻겠습니까?" 하고 물었다고 한다. 이것이 기도로 필요한 자금을 조달한 사례다. 박회장은 사장 시절에 새벽 4시에 출근하여 기도실로 바로 가서 30분 동안 기도하는 것으로 하루를 시작했다고 간증하고 있다.

금식기도로 부도를 막은 사례

셋째는 IMF 경제위기로 인해 은행의 대출 문이 닫혔을 때 금식기도를 해서 부도를 막은 사례이다. 박 회장은 금식하면서 이렇게 기도하였다.❽

"하나님! 하나님은 모든 것에 강하시지만 약속에 약하신 것을 압니다. 약속하신 말씀을 기억해주십시오. 저희에게 주신 말씀을 기억해주십시오. 광야에 길을, 사막에 강을 내겠다고 하신 말씀대로 길과 강을 열어주십시오."

여기서 약속한 말씀은 이사야 43잘 19절을 말한다. 1997년 시무식에서 이 회사의 사목인 방선기 목사가 전한 말씀이 바로 이 말씀이었다.

"보라 내가 새 일을 행하리니 이제 나타낼 것이라 너희가 그것을 알지 못하겠느냐 반드시 내가 광야에 길을 사막에 강을 내리니."

기도응답은 이렇게 나타났다. "앞문이 막히고 옆문이 막히고 뒷문이 막힐 때, 하나님께서는 하늘 문을 여신다"라는 헬렌 켈러의 말처럼 회사가 부도나기 직전에 한 외국투자자가 현금 5억 불을 들고 찾아와서 이랜드에 이 돈의 1/10을 투자한 것이다.

그런데 나머지 돈으로 이랜드와 같은 규모의 회사를 10개나 더 살 수 있을 텐데 투자를 하지 않고 있는 것을 이상히 여겨 박 회장이 외국투자자에게 이렇게 물어 본 적이 있었다.

"아, 지금 사면 헐값에 사들일 수 있는데 왜 사지 않습니까? 지금이 기회입니다."

그때 외국 투자자도 사고 싶은데 막상 사려고 하면 장부가 두 개라서 살 수 없었다고 대답하더라는 것이었다. 이 외국투자자는 이랜드가 이중장부를 사용하지 않고 장부가 하나라서 투자를 하게 되었다고 말했다고 한다.

여성으로서 사업을 할 수 있을까요? |

다음에는 성주인터내셔널 김성주 회장의 기도 사례를 세 가지 살펴보자.

첫째, 기도로 한국에서 사업을 시작하도록 확신을 얻은 사례이다.❾ 김 회장은 유학과 해외 현장의 유통실무를 경험한 후1989년에 귀국하였다. 사업을 시작하려고 했을 때 한 사업 선배는 한국에서 사업을 성공하기 위해서는 술 잘 마시기, 거짓말 잘 하기, 흰 봉투(뇌물) 잘 바치기의 세 가지 비법을 지켜야 한다고 말했다.

이때 김 회장은 고민하며 창업을 두고 기도를 시작했다.

"비록 여자지만, 비록 경험도 많지 않지만, 비록 능력도 부족하지만, 하나님께서 도와주신다면, 분명히 정직한 손으로도 사업을 일으키는 사례를 만들어주실 거야!"

드디어 김 회장은 마음에 이런 믿음과 확신이 차올랐고 "해보자!"라고 창업을 하기로 결심하게 되었다.

어떻게 하루아침에 300억 원의 현금을 날릴 수 있습니까? |

둘째는 300억 원의 현금을 날리고 기도로 M&A를 통해 265억을 벌게 된 사례이다. 김 회장은 마크스 앤 스펜서 대리점 권을 따서 명동에 매장을 세웠는데 1997년 말 IMF 외환위기에 300억 원의 현금을 하루 아침에 날리게 되었다.⑩

300억 원을 잃었다면 보통 사람들은 짐 싸가지고 외국으로 도주해 버리고 말 것이다. 그녀도 그런 사람 중에 한 명이 될 수 있었지만 그러지 않았다. 자신에게 딸린 수백 명의 직원들을 버리고 갈 수 없었다.

김 회장은 분명히 하나님께서 도와주시리라는 확신을 가지고 매일 아침 새벽에 일어나 울면서 기도하였다.

"하나님! 어떻게 이런 엄청난 일이 저에게 생겼습니까? 살려주십시오."

그러자 기적이 일어났다. 사업 파트너인 구찌Gucci가 김 회장에게 합작을 제안하게 되었고 하나의 사업을 매각하여 265억 원을 벌어들이게 되었다.

이러한 위기 상황에서 한 사업 파트를 팔아 265억을 번다는 것은 그 당시로서는 기적이었다고 김 회장은 말했다. 그녀가 자신의 실력이나 기술에 의지하지 않고 기도하자 하나님께서 놀라운 방법을 주셨다.

우선 김 회장은 혼자서 싸우는 것이 힘든 것을 알고 좋은 팀을 달라고 기도를 하였다.

"저 혼자서는 싸울 수 없으니 가장 좋은 회계사와 변호사를 보내주세요."

그러자 하나님께서는 젊은 그리스도인 두 사람을 보내주셨다. 이 두분들이 김 회장과 함께 기도하면서 힘들게 협상을 한 결과 마침내 265억 원을 받고 사업 파트를 팔게 되었다.

영광 중의 고난 |

김 회장은 1997년에 다보스 포럼이 선정한 차세대 지도자 100인에 선정되는 영광을 얻기도 했지만 그에게도 고난은 있었다.

자기 아이가 8개월 되었을 무렵, 화상을 입고 거의 죽게 되었는데 너무나 비참하게 느껴졌다.⓫ 자신의 아이가 온 몸의 25%나 데었기 때문이다. 의사들은 포기했지만 자신은 그럴 수 없었다.

김 회장은 이렇게 기도했다.

"하나님! 죄 많은 저를 데려가시고 이 아이를 살려주십시오."

김 회장은 이때 하나님께서 자신의 기도를 들으신다는 것을 분명히 체험하였다. 김 회장의 어머니께서는 항상 딸에게 이렇게 말씀을 하셨다.

"잠언을 백 번 읽으면 삶의 지혜가 생긴다."

그러나 김 회장은 속으로 이렇게 생각을 하였다.

"어휴! 지겨운 잠언을 언제 100번 읽지! 보이는 사람도 두렵지 않은데 보이지 않는 하나님을 두려워해야 한다고? 웃기네!"

그러나 하나님은 아이의 죽어가는 모습 앞에 철저하게 김 회장을 무릎 꿇리셨고 아이를 살리는 과정 속에서 찾아오셨다. 그때부터 김 회장은 하나님 앞에 떠는 자가 되었다.

은 수집기 사업의 창업을 위한 기도 |

세 번째 살펴 볼 기독실업인은 유나이티드 플라스틱 코퍼레이션의 스탠리 탬 사장이다. 탬 사장이 위기를 당했을 때 기도하여 응답받은 사례를 세 가지만 들어보자.

첫째는 탬 사장이 템코 은 수집기Tamco Silver Collector 사업을 위해 기도한 사례이다.⑫ 그가 25불을 벌어들인 후 콜럼버스로 가면서 간절히 하나님께 기도하였다.

"주님, 어떻게 사진사들을 설득하여 은을 재생하게 할 수 있을까요?"

그는 이어서 이렇게 기도하였다.

"그리고 만약 그렇게 하도록 설득하게 된다면, 내가 수확할 것이 생기도록 하는 데 걸리는 12개월 동안 어떻게 유지시킬 수 있을까요?"

탬 사장이 기도를 드리자 하나님께서 그를 믿음의 길로 한 걸음 한 걸음 인도해 주시기 시작하셨다.

처음 창업을 할 때 누구나 겪는 것은 자금의 부족일 것이다. 탬 사장은 돈이 거의 떨어지자 이렇게 기도를 하였다.

"만일 제게 자본이라도 조금 있었다면 계속 밀고 나갈 수 있겠어요. 하지만 제 돈은 이제 정말 다 바닥났어요. 계속 밀고 나갈 수가 없어요."

하나님께서 그에게 이렇게 말씀하셨다.

"물질이 부족하다고 걱정하지 말아라. 네게 필요한 것은 나를 믿는 믿음뿐이다."

그러자 탬 사장은 마음속으로 이렇게 답했다.

"믿음은 있어요. 주님."

하나님은 예상치 못한 말로 그에게 질문하셨다.

"네 사업을 내게 다 바칠 만큼 충분한 믿음이 있느냐? 너를 대신해서 내가 그것을 운영할 수 있을 만큼."

결국 스탠리 탬은 이성적으로는 도저히 이해가 되지 않았지만 자신의 사업을 하나님께 바치기로 하나님께 약속을 하였다. 그는 빌립보서 4장 19절의 말씀을 의지했다.

"나의 하나님이 그리스도 예수 안에서 영광 가운데 그 풍성한 대로 너희 모든 쓸 것을 채우시리라."

여행길에서 만난 재난 |

탬 사장이 사업 초기에 겪었던 일이다.⑬ 탬 사장은 일을 마칠 때 집에서 256km 떨어진 곳에 있었다.

16km쯤 갔을 때 재난이 닥쳤다. 차의 엔진에서 소리가 나기 시작했고 엔진의 봉이 나가기 직전이라는 것을 알 수 있었다. 그는 작은 마을의 중심에 있는 갈림길에서 멈추었다. 길가에 차를 세우고 차 핸들에 대고 고개를 숙이고 그는 이렇게 기도했다.

"주님, 이곳은 전차의 종점입니다. 저는 낙심하였고, 무일푼이며, 집에서 256km나 떨어진 곳에 있습니다. 하나님이 맡으셔야 합니다."

기도하고 나서 고개를 들었을 때 탬의 눈에 자동차 정비소가 보이게 되었다. 그는 정비소에 들어가서 정비공을 만나 이야기했다.

"방금 제 차 엔진 봉을 태워버렸어요. 고치려면 얼마나 들까요?"

"12불입니다." 그가 말했다.

집이 너무 멀어 외상으로 하기에는 어려운 것을 안 그는 잠시 후에 이렇게 말했다.

"제가 방법을 하나 가르쳐 드릴게요."

탬 사장은 주님께서 그의 마음에 개입하시고 있다는 것을 확신하였다. 결국 정비공이 기술수업을 하는 고등학교를 소개하여 그곳에서 무료로 차를 고칠 수 있었다.

탬 사장이 만일 그때 사업을 그만 두고 취직을 했더라면 어떻게 되었겠는가? 오늘날 선교계에서 1,000명에 달하는 선교사를 후원하고 있는 유나이티이드 스테이츠 플라스틱 회사는 생길 수 없었을 것이라고 그는 회고하고 있다.

아내를 얻을 때의 순수한 기도

탬 사장은 전적으로 구식 연애가 좋다고 믿는 사람이다.⑭ 그는 480km나 떨어져 사는 여자 친구 주아니타를 자주 방문했다. 주아니타는 탬 사장과 멀리 떨어져 살았기 때문에 편지를 자주 보냈다. 물론 탬 사장도 자주 답신을 보냈다.

탬 사장은 어느 날 밤, 호텔에 묵기 위해 들어섰을 때 주아니타가 자신의 배필이 맞는지를 알기 위해 기드온과 같은 기도를 하면 어떨까 생각에 빠졌다.

그는 하나님께서 기드온에게 보여주셨던 것처럼, 자신에게도 하나님의 확실한 계획을 보여주신다면 정말 좋지 않을까? 그래서 그는 잠자리에 들기 전에 호텔방 창문을 열고 빨아서 건조된 수건을 창틀에 걸었다. 그리고 기도했다.

"주님, 주아니타가 나의 아내로 정해진 사람이라면 이 천이 아침에는 완전히 젖어 있게 해 주옵소서."

밤에 비는 오지 않았고 아침에도 이슬이 많이 맺힌 것 같지 않았다. 그는 눈을 뜨자마자 재빨리 창가로 갔다. 수건은 여전이 건조한 상태로 있었다. 그날 그는 이 일로 고민이 많았다. 일도 제대로 손에 잡히지 않았다.

그러나 그는 다시 한 번 시험을 하기로 했다. 그래서 그날 밤 그는 수건을 적셔서 젖은 채로 창틀에 걸어놓았다. 그리고 이렇게 기도하였다.

"주님, 제가 주아니타와 결혼하는 것이 주님의 뜻이라면 이 수건이 내일 아침까지 완전히 마르게 해 주세요."

그는 그날 밤 제대로 잠을 잘 수 없었다. 중간에 몇 번이나 잠을 깨어 수건을 미리 점검했다. 새벽 동이 틀 무렵, 그는 일어나서 수건을 살펴보기 위해 창가로 뛰어 갔다. 그의 가슴은 철렁했다. 수건이 완전히 젖은 채로 그대로 있었기 때문이었다.

바로 그때서야 양털 사건은 하나님께서 특별히 기드온에게만 허락하신 사건이라는 결론을 내리게 되었다.

그 후에 탬은 이 시험에 관해서는 주아니타에게는 이야기하지 않았다.

그는 계속 록포드에 있는 그녀를 방문했고 관계가 깊어지던 어느 날 밤 주아니타의 손을 잡고 말했다.

"나는 주님께서 우리의 삶을 인도해 오셨다는 생각이 들어요."

달빛이 환하게 비치고 있었기 때문에 둘은 서로의 눈을 깊이 바라볼 수 있었다.

"인도해 오셨고 지금도 인도하고 계세요." 주니아타가 말했다.

이들이 만난 지 3개월이 지났을 무렵이었다. 탬은 주아니타가 준비해 온 맛있는 음식을 가지고 해가 서쪽 하늘로 질 무렵 시니시피 공원에 소풍을 갔다. 음식을 먹고 나서 탬은 그녀 곁으로 조금 다가가서 말을 꺼냈다.

"나는 당신이 나의 결혼 상대자가 되어 주었으면 좋겠어요. 그렇게 해줄래요, 주아니타?"

"기꺼이 그러겠어요." 그녀가 대답했다.

그리고 둘은 바짝 다가섰다. 그리고 키스했다. 이것이 그들의 첫 키스였다.

결국 탬은 기드온의 기도대로 응답되지는 않았지만 독특한 구식 연애로 주아니타와 결혼을 하게 되었다.

10 정리를 위한 토론 문제

1. 하나님과 의사소통을 하는 것은 사람과의 의사소통을 할 때와는 어떻게 다른지 말해 봅시다.

2. 시편 107편을 읽고 경영자가 어려운 상황에 처할 때 어떤 증상이 일어나는지 말하고 또 경영위기를 극복하기 위해서는 어떻게 해야 하는지 말해 봅시다.

3. 저자가 10장에서 말하는 '쌍방적 의사소통'은 어떤 것인지 구체적으로 말해 봅시다. 그리고 각자는 하나님과 의사소통을 할 때 일방적 의사소통을 많이 사용하고 있는지 아니면 쌍방적 의사소통을 사용하고 있는지 말해 봅시다.

4. 박성수 회장이 경영의 위기를 극복하기 위해 기도한 세 가지 사례 가운데 어느 기도가 당신에게 공감이 많이 됩니까?

5. 김성주 사장의 기도 경험을 읽고 가장 공감이 되는 것은 무엇입니까? 또 스탠리 탬의 기도 사례 가운데 배우고 싶은 것은 무엇인지 말해 봅시다.

Ⅳ

3대 기업재무경영

"이는 만물이 주에게서 나오고 주로 말미암고 주에게로 돌아감이라 그에게 영광이 세세에 있을지어다 아멘"로마서 11:36.

For from him and through him and to him are all things. To him be the glory forever! Amen.

11
투자경영과 성경적 투자원리

"그 종 열을 불러 은화 열 므나를 주며 이르되 내가 돌아올 때까지 장사하라 하니라"누가복음 19:13.

So he called ten of his servants and gave them ten minas. 'Put this money to work,' he said, 'until I come back.'

기업의 경영활동은 조직 전반적으로도 이루어지지만 기업조직의 각 기능별로도 발생한다. 즉, 생산경영, 마케팅경영, 인적자원경영, 그리고 재무경영 등으로 경영활동이 일어난다. 대학에서는 이들 각각에 대해 생산 및 운영관리, 마케팅관리, 인적자원관리, 재무관리 등으로 가르치고 있다.

지금까지 이 책에서는 경영자가 전반적으로 수행할 경영과정에 대해 다루었다. 나머지 부분에서는 재무관리에서 가장 중요하게 인식되고 있는 투자결정, 자본조달결정, 그리고 배당결정의 내용을 차례로 다루고자 한다.

투자경영 |

앨빈 브라운Alvin Brown은 경영을 계획, 실행, 평가의 세 과정으로 설명하고 있다. 기업의 투자도 하나의 경영활동으로 인식한다면 먼저 투자계획을 수립하고, 투자계획을 실행에 옮긴다. 그리고 마지막으로 계획한 대로 투자가 이루어졌는지 평가를 한다. 즉, 투자경영은 투자계획, 투자실행, 투자평가의 세 과정으로 파악할 수 있다.

자본예산 |

기업의 투자에는 실물자산투자와 금융자산투자가 있다. 실물자산의 투자를 자본예산이라 하고 이것은 생산규모를 결정하는 것이다. 그리고 금융자산의 투자는 차입과 대출의 결정이며 이것은 자본조달 결정이다. 최적생산결정은 한계변형율과 시장이자율이 같은 점에서 이루어진다.

자본예산이란 실물자산투자와 관련된 의사결정문제를 다루는 것이다. 여기서 실물자산투자는 기업이 대규모의 기계 설비를 구입하는 것뿐만 아니라 새로운 공장이나 기업을 설립하는 것까지 포함한다. 이것은 고정자산에 대한 투자라 할 수 있다. 고정자산에 대한 투자는 그 금액이 크고 오랜 기간에 걸쳐서 영향을 미치기 때문에 기업경영에서 매우 중요하다.

자본예산의 절차 |

자본예산의 수행은 네 단계로 이루어진다.❶ 1단계는 투자기회의 탐색과 최적 대안의 선택이다. 최고경영자는 장기적인 경영전략을 실현하기 위해 구체적인 투자기회를 찾아서 성장기회를 탐색한다. 투자대안을 검토하여 성장기회가 없다고 판단되면 그 투자대안은 기각되고 성장기회가 있다고 판단되면 다음 단계로 넘어간다.

2단계에서는 1단계에서 성장기회가 있다고 판단된 투자안에 대해서 앞으로 발생할 현금흐름의 크기를 추정한다. 투자안을 수행하게 될 때 이로 인해 기대되는 현금흐름의 크기, 현금흐름의 발생시점, 그리고 현금흐름의 불확실성을 추정하게 된다.

제3단계는 투자안의 선택 또는 기각의 단계이다. 여기서는 2단계에서 추정한 현금흐름에 관한 자료를 토대로 투자안의 채택여부를 결정하는 것이다. 이 단계는 투자안의 경제성 평가단계이다.

마지막 단계는 진행 중인 투자안을 통제하고 사후 관리하는 단계이다. 투자안이 계획대로 잘 이루어지고 있는지를 살펴보고 만약 투자환경이 변화되면 이를 반영하여 자본예산을 수정하는 등 피드백 기능을 수행하는 것이다.

현금흐름의 추정 |

투자안의 경제성을 평가하기 위해서는 먼저 투자결정과 관련하여 발생되는 현금흐름을 추정하여야 한다. 현금흐름을 추정할 때의 세 가지 기본적인 원칙을 살펴보자.

첫째, 이익이 아닌 현금흐름만이 적절하다. 대부분의 경영자들은 회계적 이익 개념에 익숙해져 있어서 투자안의 경제성을 평가할 때도 이익 개념을 먼저 떠올린다. 그러나 투자안의 평가에 필요한 것은 현금흐름 정보이다.

둘째, 항상 증분기준으로 현금흐름을 추정하여야 한다. 어느 투자자산에 투자할 것인가를 결정하려면 그 투자안에 투자함으로써 추가적으로 발생하는 현금흐름만을 고려하여야 한다. 특정 투자안과 관련되지 않은 현금흐름은 고려하지 말아야 한다.

이것과 관련하여 어느 현금흐름이 포함되어야 하는가를 결정하기 위해서 주의하여야 할 몇 가지가 있다.

• 감가상각비는 현금유출에 포함시키지 말아야 한다.

감가상각비는 회계적 이익을 계산할 때는 비용으로 차감하지만 투자결정을 할 때 실제로 현금의 유출이 발생하지 않기 때문이다.

• 이자비용과 배당금은 현금유출로 간주하지 말아야 한다.

이자비용과 배당금은 명확하게 현금유출이지만 미래 현금흐름을 평가하는 과정에서 할인율(자본비용)로 적절하게 반영되기 때문에 이들을 현금유출로 처리하면 이중계산이 된다.

• 부차적 효과를 고려하라.

새로운 투자안에 의해 재고자산과 매출채권 등에 변화가 생긴다면 이것도 현금흐름에 반영시켜야 한다.

• 매몰원가는 현금흐름에서 제외시켜야 한다.

매몰비용은 이미 지불하였거나 지불할 의무가 있는 비용이다. 이러한 비용은 해당 투자안을 선택하거나 선택하지 않는 의사결정에 의하여 변화시킬 수 없는 비용이다. 따라서 투자안의 분석에서는 매몰비용을 항상 제외시켜야 한다.

• 기회비용은 현금흐름에 포함시켜야 한다.

흔히 비용을 생각할 때는 주머니에서 나간 비용, 즉 실제로 지출된 비용만을 생각한다. 기회비용은 이러한 비용과는 약간 다른 비용이다. 이것은 포기되어야 하는 혜택으로 측정되는 비용이다. 투자안을 위해 사용될 예정인 어떤 자산을 기업이 이미 소유하고 있는 경우에 이 자산가치는 기회비용이 되며 이것은 현금흐름에 포함시켜야 한다.

셋째, 인플레이션을 일관성있게 고려해야 한다. 할인율로 사용되는 자본비용은 보통 명목이자율로 표시된다. 따라서 현금흐름을 명목화폐가치로 추정하였을 때는 할인율로 사용되는 자본비용도 실질자본비용이 아니라 명목자본비용으로 추정하여야 한다.

회수기간법 |

투자안의 경제성을 평가하는 방법 가운데 회수기간법이 있다. 회수기간법은 투자금액을 회수하는 데 소요되는 기간에 따라 투자안을 평가하는 방법이다. 회수기간법에 의하면 회수기간이 짧을수록 좋은 투자안으로 평가한다.

예컨대, A투자안의 투자금액이 5,000이라고 하자. 그리고 1년 후에 현금흐름이 2,000, 2년 후에 3,000, 그리고 3년 후에 1,000이 발생한다고 가정하자. 그러면 이 투자안의 회수기간은 2년이 된다. 그런데 투자안 B의 경우, 투자금액은 동일하고 투자로부터 발생하는 현금흐름이 1년 후에 2,000, 2년 후에 2,000, 3년 후에 1,000, 그리고 4년 후에 5,000이라고 한다면 회수기간은 3년이 된다. 투자안을 회수기간법에 의해 평가한다면 A투자안이 B투자안보다 회수기간이 더 짧기 때문에 A투자안이 채택된다.

따라서 회수기간법의 투자안 평가기준은 다음과 같이 정리할 수 있다.

"회수기간법에 의하면 어떤 투자의 회수기간이 미리 정해진 기간보다 짧다면 그 투자안은 채택된다."

회수기간법은 투자기간의 계산이 간단하고 이해하기 쉽다는 장점이 있는 반면에 세 가지의 단점도 있다. 첫째, 회수기간법은 화폐의 시간적 가치를 고려하지 않는다. 현재의 현금흐름이나 미래의 현금흐름을 동일하게 다루고 있다.

둘째, 회수기간법은 회수기간 이후에 발생하는 현금흐름을 무시한다. 위에서 예로 든 경우, 분명히 B투자안은 회수기간이 3년이라서 기각되었지만 회수기간 후의 현금흐름 5,000을 고려하지 않았다.

셋째, 회수기간법은 현금흐름의 위험을 고려하지 않는다. 투자안에 따라 미래 현금흐름은 위험도가 다를 것이다. 그러나 회수기간법은 위험한 투자안이나 안전한 투자안이나 관계없이 동일하게 다루고 있다.

평균회계이익률법 |

평균회계이익률average accounting return: AAR은 다음과 같이 정의되고 있다.

AAR = 평균순이익 / 평균투자액

여기서 평균투자액은 총투자금액의 1/2이다.

예를 들어 설명해 보자. 어떤 사업의 투자금액이 500이라고 하자. 그리고 이 투자자산의 수명이 5년이라고 하자.

이 투자안의 평균투자액을 계산하기 위해서 초기 투자비용이 500의 장부가치에서 시작하여 마지막 해의 장부가치는 0이 된다. 따라서 이 투자의 투자수명기간동안의 평균장부가치는 (500 + 0)/2 = 250이 된다. 정액상각법을 사용하는 한 평균투자금액은 항상 초기 투자금액의 절반이 된다.

또 매년의 추정 순이익이 첫 해에는 100, 두 번째 해의 순이익은 150, 셋째해의 순이익은 50, 네 번 째 해의 순이익은 0, 그리고 다섯 번째 해의 순이익은 - 50이다. 따라서 평균순이익은 다음과 같이 계산된다.

$$((100 + 150 + 50 + 0 + (-50))/5 = 50$$

따라서 평균회계이익률은 다음과 같이 계산된다.

AAR = 50/250 = 20 %

이 회사의 목표회계이익률이 20% 미만이라면 이 투자안은 채택되어야 하고, 그렇지 않다면 기각되어야 한다. 따라서 평균회계이익률법의 투자안 평가기준은 다음과 같이 정리할 수 있다.

"평균회계이익률법에 의하면 어떤 투자안의 평균회계이익률이 기업이 정한 목표 회계이익률보다 크다면 그 투자안은 채택된다."

그런데 평균회계이익률법은 여러 가지 단점을 가지고 있다. 가장 큰 문제점은 평가를 하는 데 현금흐름이 아니라 이익을 사용하고 있다는 것이다. 또한 이 방법은 회수기간법과 마찬가지로 화폐의 시간적 가치를 무시하고 있다. 또 다른 문제점은 판단의 기준이 되는 어떤 객관적 이익률이 없다는 것이다.

내부수익률법 |

회수기간법이나 평균회계이익률법과는 달리 내부수익률법internal rate of return: IRR은 투자안의 현금흐름을 할인한다는 점에서 더 나은 평가방법이라고 할 수 있다.

내부수익률은 투자안의 특징을 요약해주는 어떤 하나의 수익률이다. 또한 외부로부터 주어지는 수익률이 아니라 해당 투자의 현금흐름에 의해서 해당 투자 자체적으로 결정되는 수익률이기 때문에 '내부internal' 라는 표현이 붙은 것이다.❷

내부수익률법을 이해하기 위해서는 내부수익률 개념을 이해하는 것이 중요하다. 예를 들어보자. 어떤 투자안의 투자금액이 100이다. 그리고 이 투자안으로부터 발생하는 1년 후의 현금흐름이 150이라고 하자. 투자안의 수명은 1년이고 잔존가치는 제로(0)라고 하자. 이 투자안의 내부수익률은 얼마인가? 내부수익률은 당연히 50%이다.

이 투자안은 투자가치가 있는가? 그것은 투자에 필요한 돈을 몇 %로 조달할 수 있는지에 따라 다를 수 있다. 즉, 이 투자에 대해 요구하는 수익률이 50%보다 낮으면 분명히 좋은 투자가 된다. 따라서 내부수익률의 투자판단기준은 다음과 같이 정리할 수 있다.

"내부수익률에 의하면 어떤 투자안의 내부수익률이 투자자의 자본비용보다 크다면 그 투자는 채택되고 그렇지 않은 경우에는 기각된다."

내부수익률법은 현금흐름을 할인하여 투자가치를 평가하는 점에서 전통적인 평가방법보다 더 우수하다. 그러나 내부수익률법도 단점이 있다. 무엇보다도 내부수익률의 계산이 시행착오를 통하여 찾아진다는 것은 이 방법의 단점이다. 또한 이 방법은 계산된 해가 둘 이상일 수 있다. 그리고 순현가법과는 달리 가치가산법칙이 성립하지 않는다.

순현가법 |

내부수익률과 유사한 평가기법으로 순현가법net present value: NPV

이 있다. 순현가법의 평가에 있어서는 순현가 개념을 이해하는 것이 중요하다. 순현가는 다음과 같이 계산된다.

순현가 = 현금유입의 현재가치 - 현금유출의 현재가치

여기서 현금흐름의 현재가치는 투자자의 요구수익률인 자본비용으로 할인한 값을 말한다. 순현가법에 의해 투자평가를 할 때는 순현가가 제로(0)보다 크냐 아니면 작으냐에 달려 있다. 즉, 순현가법의 평가기준을 다음과 같이 정리할 수 있다.

"투자안의 순현가가 양(+)의 값을 가지면 그 투자안은 채택되어야 하고, 음(-)의 값을 가지면 그 투자는 기각되어야 한다."

기업은 본질적으로 가치를 창출하여야 한다. 어떤 투자가 소유주에게 가치를 창조해 준다면 그 투자는 선택할 가치가 있다. 순현가가 제로보다 큰 투자를 계속 채택하게 되면 그 기업의 가치는 점차 증가하게 된다. 이렇게 되면 그 기업의 주식가치가 그만큼 더 높아진다는 것을 의미한다.

수익성지수법

투자안을 평가하는 데 사용되는 또 하나의 도구는 수익성지수 profitability index: PI이다. 이 지수는 다음과 같이 계산된다.

PI = 미래 현금유입의 현재가치 / 초기 투자금액

어떤 투자안이 양의 순현가를 가지면 미래현금유입이 초기 투자비용보다 큰 것이 틀림없다. 따라서 양의 순현가를 갖는 투자의 수익성지수 값은 1보다 크고, 음의 순현가를 갖는 투자안의 수익성지수 값은 1보다 작다. 그리고 수익성지수에 의한 투자안의 평가기준을 다음과 같이 정리할 수 있다.

"투자안의 수익성지수가 1 이상의 값을 가지면 그 투자안은 채택되어야 하고, 1미만의 값을 가지면 그 투자는 기각되어야 한다."

실패투자를 성공투자로 바꾼 사람 |

투자를 하더라도 모든 사람이 성공하는 것은 아니다. 많은 사람들은 실패를 경험하게 된다. 그런데 스티븐 스캇은 여러 차례 실패를 겪은 후에 마침내 성공을 하게 되었다. 그가 실패한 투자를 성공적인 투자로 바꾼 비결은 무엇일까?❸

그는 대학을 졸업하고 6년 동안 아홉 번 실직을 하였고 자기 사업을 벌였으나 순식간에 실패하였다. 이때 그는 자신의 친구인 게리 스몰리 박사에게 상담을 받았다. 스몰리 박사는 역사상 가장 부자로 살았던 사람, 즉 솔로몬 왕이 쓴 잠언을 매일 1장씩 읽고 사업에 적용하도록 권유하였다. 물론 스티븐 스캇은 친구의 권유를 받아들여 그대로 한 결과로 엄청난 변화를 경험하였다. 그는 어메리컨 텔리캐스트사의 공동설립자로서 수십억 달러의 판매량을 올리고, 연 700만 달러 이상의 수입을 올리는 사업가가 되었다.

솔로몬의 투자원리 ׀

스티븐 스캇이 배워서 사업에 실천한 결과 성공적인 투자를 할 수 있었던 솔로몬의 투자원리는 과연 무엇인가? 잠언을 중심으로 그 원리를 찾아 정리해 보자.

먼저, 자신을 지혜롭게 여기지 말고 여호와를 경외해야 한다. 왜냐하면 여호와를 경외하는 것이 지식과 지혜의 근본이 되기 때문이다.

"여호와를 경외하는 것이 지식의 근본이거늘 미련한 자는 지혜와 훈계를 멸시하느니라" 잠언 1:7.

"여호와를 경외하는 것이 지혜의 근본이요 거룩하신 자를 아는 것이 명철이니라" 잠언 9:10.

여기서 두 잠언의 중심이 되는 단어는 '경외' 이다. 경외란 주권자이신 하나님의 권위와 거룩함에 대해 피조물인 인간이 공경하는 마음에서 갖게 되는 두려움을 의미한다. 하나님에 대한 경외는 공포와는 다르며, 죄인인 인간이 하나님의 거룩함을 접했을 때 갖게 되는 자연스러운 반응이다. 여호와를 경외하는 사람은 하나님의 말씀에 순종하게 된다. 또 우리가 모든 일에 항상 여호와를 경외하게 되면 우리의 길을 인도받게 된다.

"너는 마음을 다하여 여호와를 신뢰하고 네 명철을 의지하지 말라 너는 범사에 그를 인정하라 그리하면 네 길을 지도하시리라" 잠언 3:5-6.

행복한 부자가 되는 비결 |

또 우리가 부자가 되고 싶고 항상 승리하기를 바란다면 하나님의 복을 받아야 한다. 그리고 불의한 방법이 아니라 의로운 방법으로 돈을 벌어야 한다. 솔로몬은 이렇게 말하고 있다.

"여호와께서 주시는 복은 사람을 부하게 하고 근심을 겸하여 주지 아니하시느니라" 잠언 10:22.

많은 사람들이 부자가 되기를 바라지만 그 방법을 모르고 있다. 실제로 인간에게 더 중요한 것은 돈이 아니라 행복이다. 이 행복은 하나님께서 인간에게 주시는 선물이다. 하나님께서 사람에게 복을 주셔서 부자가 되는 사람에게는 근심이 없다. 이것이 행복한 부자가 되는 비결이다.

잠언은 불의한 방법으로 돈을 버는 유형으로 부정행위, 뇌물수수, 그리고 압제의 세 가지를 들고 있다.

첫째, 여호와는 속이는 저울로 거래하는 것을 미워하며 부정하게 번 돈은 오히려 줄어들 것이라고 가르치고 있다. 이를 뒷받침하는 잠언의 예를 보자.

"속이는 저울은 여호와께서 미워하셔도 공평한 추는 그가 기뻐하시느니라" 잠언 11:1.

둘째, 지혜로운 교사는 뇌물을 받는 자는 자기 집을 해롭게 할 뿐만 아니라 재판을 굽게 만든다고 경고하고 있다.

"이를 탐하는 자는 자기 집을 해롭게 하나 뇌물을 싫어하는 자는 사느니라" 잠언 15:27.

로스는 이 구절을 뇌물을 받는 것에 대한 경고로 보고 있다. 선물은 순수할 수 있지만 사람의 가치를 변경시킬 수 있다. 따라서 뇌물을 미워하는 것이 가장 안전한 길이다.

또 다른 잠언은 이렇게 말한다.

"악인은 사람의 품에서 뇌물을 받고 재판을 굽게 하느니라" 잠언 17:23.

뇌물은 또한 재판을 굽게 만들기도 한다. 따라서 은밀히 뇌물을 받는 것은 적절하지 못하다.

셋째, 지혜로운 교사는 약한 자를 압제하게 되면 여호와께서 신원하시어 압제하는 자의 생명을 빼앗을 것이라고 경고하고 있다. 이 경고를 뒷받침하는 두 잠언을 살펴보자.

"옛 지계석을 옮기지 말며 외로운 자식의 밭을 침범하지 말지어다" 잠언 23:10.

"약한 자를 약하다고 탈취하지 말며 곤고한 자를 성문에서 압제하지 말라" 잠언 22:22.

이 원리를 잠언 10장 2절에서는 짧은 잠언으로 요약하여 잘 표현하고 있다.

"불의의 재물은 무익하여도 공의는 죽음에서 건지느니라."

이 잠언은 의가 부정하게 번 부보다 훨씬 더 큰 가치를 가지고 있다고 주장하고 있다. 일반적으로 부는 일시적으로 즐길 수 있지만 의는 치명적인 위험, 즉 죽음에서 건져내 준다.

또 솔로몬은 부정직하게 돈을 벌면 재산이 늘어가는 것이 아니라 오히려 줄어간다는 것을 알려주고 있다. 이에 반해 손으로 열심히 일해서 모은 재물은 점점 늘어간다고 가르치고 있다.

"망령되이 얻은 재물은 줄어가고 손으로 모은 것은 늘어가느니라" 잠언 13:11.

전문가와의 상담이 성공적 투자의 열쇠

투자계획이 성공하기 위해서는 전문가의 상담을 받아 사업계획을 세워야 한다. 잠언은 의논하여 계획을 세울 때 성공하게 된다고 말하고 있다.

"의논이 없으면 경영이 무너지고 지략이 많으면 경영이 성립하느니라" 잠언 15:22.

의논과 상담을 받지 않으면 사업계획이 실패할 수 있지만 많은 사람, 특히 전문가와 상담을 받게 되면 그 계획이 성공할 수 있다. 이 원리는 개인의 차원에서도 사실이지만 국가 차원에서도 적용되어야 한다. 다음 잠언은 이 사실을 뒷받침하고 있다.

"지략이 없으면 백성이 망하여도 지략이 많으면 평안을 누리느니라" 잠언 11:14.

지속적인 능력개발 |

우리는 자신의 일에 최선을 다하고 지속적으로 능력을 개발해야 한다. 솔로몬은 자신의 일에 능숙한 사람은 왕 앞에서 봉사하게 되고 천한 사람 앞에서 봉사하지 않는다고 말하고 있다.

"네가 자기의 일에 능숙한 사람을 보았느냐 이러한 사람은 왕 앞에 설 것이요 천한 자 앞에 서지 아니하리라" 잠언 22:29.

또한 그는 지혜로운 자는 일을 하는 도구를 날카롭게 하는 데 시간을 보내야 한다고 말하고 있다.

"철 연장이 무디어졌는데도 날을 갈지 아니하면 힘이 더 드느니라 오직 지혜는 성공하기에 유익하니라" 전도서 10:10.

예수 그리스도의 투자원리 I

예수 그리스도의 투자원리도 몇 가지 학습해 보자.

먼저, 하나님의 나라를 위해 사업을 하라. 이것은 자신의 사업을 하나의 선교 또는 사명으로 알고 해야 한다는 뜻이다. 이 투자원리는 마태복음 6장 33절에서 찾을 수 있다.

"그런즉 너희는 먼저 그의 나라와 그의 의를 구하라 그리하면 이 모든 것을 너희에게 더하시리라."

둘째, 자신을 위해 재물을 쌓지 말고 하나님을 위해 쌓아두라. 이 투자원리는 어리석은 부자가 되지 않기 위한 것이다.

"자기를 위하여 재물을 쌓아 두고 하나님께 대하여 부요하지 못한 자가 이와 같으니라" 누가복음 12:21.

셋째, 주인의 뜻을 바로 알고 장사하라. 이 원리는 마태복음 25장 16절과 17절, 그리고 18절에서 찾은 것이다.

"다섯 달란트 받은 자는 바로 가서 그것으로 장사하여 또 다섯 달란트를 남기고 두 달란트 받은 자도 그같이 하여 또 두 달란트를 남겼으되" 마태복음 25:16-17.

넷째, 재물의 거래는 정직해야 한다. 누가복음 16장 10절은 이렇게 말하고 있다.

"지극히 작은 것에 충성된 자는 큰 것에도 충성되고 지극히 작은 것에 불의한 자는 큰 것에도 불의하니라."

다섯째, 우리가 투자할 기간은 정해져 있다. 주인이 돌아올 때가지만 투자할 수 있다. 어떤 사람은 투자기간이 무한한 것으로 생각하고 투자하다가 낭패를 보는 경우가 있다. 우리가 투자할 수 있는 기간은 기껏해야 70년 내지 80년에 지나지 않는다. 이 세상에서 투자할 수 있는 삶은 안개와 같이 갑자기 사라져버린다.

여섯째, 투자성과에 대한 평가와 함께 보상이 있다. 투자를 잘 했을 때는 칭찬을 받지만 잘못했을 때는 책망을 받게 된다.

11 정리를 위한 토론 문제

1. 자본예산이 무엇인지 쉽게 설명하고 자본예산이 어떤 과정을 걸쳐 수행되는지를 말해 봅시다.

2. 현금흐름을 추정하는 원칙을 세 가지로 설명해 봅시다. 또 현금흐름을 추정할 때 유의해야 될 사항(매몰원가, 기회비용, 감가상각비 등)을 아는 대로 말해 봅시다.

3. 투자안의 경제성을 평가할 때 사용되는 회수기간법에 대해 설명하고 실제 예를 들어 적용해 봅시다. 또 이 방법의 장단점을 들어 봅시다.

4. 내부수익률법과 순현가법을 각각 설명하고 두 평가의 평가기준이 어떻게 다른지 설명해 봅시다.

5. 솔로몬의 투자원리와 예수 그리스도의 투자원리를 비교하여(공통점과 차이점) 설명해 봅시다.

12

자본조달경영과 성경적 자본조달원리

"부자는 가난한 자를 주관하고 빚진 자는 채주의 종이 되느니라"잠언 22:7.

The rich rule over the poor, and the borrower is servant to the lender.

기업의 투자에 필요한 자본을 조달하는 일도 하나의 경영활동이다. 여러 가지 형태의 투자에 맞는 자금을 효과적이고 효율적으로 조달하는 것은 경영자, 특히 재무경영자의 중요한 일이 아닐 수 없다. 자본조달이 경영활동이기 때문에 앨빈 브라운Alvin Brown의 경영과정모형에 따라 자본조달경영은 자본조달계획, 자본조달실행, 그리고 자본조달평가의 세 과정으로 이해할 수 있다. 즉, 자본조달경영은 먼저 자본조달계획을 수립한 후에, 그 자본조달계획을 실행에 옮긴다. 그리고 자본조달이 계획한 대로 잘 실행이 되었는지 평가의 과정을 수행하게 된다.

자본의 조달형태와 자본비용

기업이 필요한 자본을 조달하는 방법은 매우 다양하다. 먼저 단기자금의 조달은 은행과 같은 단기금융시장에서 운전자금의 형태로 차입하여 조달할 수 있다. 또 기업어음의 발행을 통해서 운전자금을 조달할 수도 있다.

시설투자를 할 때 필요한 장기자금의 조달은 장기금융시장에서 회사채의 발행이나 주식발행을 통해서 이루어진다. 물론 주식을 발행할 때는 보통주와 우선주의 발행을 선택적으로 고려할 수 있다. 또한 전환사채와 같은 옵션부 증권을 발행할 수도 있고 리스금융을 이용할 수 있다.

기업경영자가 자본조달을 할 때 가장 우선적으로 하는 것이 자본비용이다. 자본조달비용이 최소가 되는 조달방법을 선택하는 것이 결국 기업의 가치를 극대화하기 때문이다. 자본비용은 기업이 자본을 사용하는 반대급부로 자본을 제공한 사람들에게 지급하는 비용을 말한다.

자본비용은 원천별 자본비용과 가중평균자본비용으로 분류하여 사용되기 때문에 이를 구분하여 인식하는 것이 필요하다. 원천별자본비용은 자본을 조달하는 원천에 따라 계산한 자본비용을 말한다. 보통주의 자본비용, 우선주의 자본비용, 그리고 타인자본비용은 모두 원천별 자본비용이다. 이에 반해 가중평균자본비용은 각 원천별 자본비용에 각 자본조달원천이 총 자본에서 차지하는 비중으로 가중평균하여 계산된 자본비용을 말한다.

자본구조와 기업가치의 관계 |

자본구조란 다양한 자금조달방법 중 어떤 방법으로 얼마만큼을 조달하고 있는가를 나타내는 각 조달방법의 구성비율을 말한다. 기업은 실제로 다양한 방법으로 자금을 조달하고 있지만 일반적으로는 자기자본과 타인자본으로 양분하고 있다. 이렇게 구분하는 이유는 양자가 자본비용, 세금, 대리인비용 등에서 확연히 차이가 나기 때문이다.

또 타인자본 총액을 자기자본 총액으로 나눈 값인 부채비율이 자본구조를 나타내는 대표적인 지표로 사용된다. 이것이 왜 기업이나 정부가 기업 또는 산업의 부채비율에 관심을 가지는지에 대한 이유이다.

기업의 목표가 기업가치를 극대화하는 것이라면 재무경영자가 자본구조와 기업가치 사이에 어떤 관계가 존재하는가에 관심을 가지게 되는 것은 당연하다.

자본구조와 기업가치 사이에 어떤 관계가 있는가를 설명하는 이론을 자본구조이론이라고 한다. 다양한 자본구조이론을 세 가지 입장으로 정리할 수 있다. 첫째 입장은 자본구조가 기업가치에 아무런 영향을 주지 않는다는 입장이다. 둘째, 자본구조가 기업가치에 양(+)의 영향을 미친다는 것이다. 셋째, 자본구조가 기업가치에 음(-)의 영향을 준다는 입장이 있다.

첫째 입장 : 자본구조는 기업가치에 아무런 영향을 주지 않는다.

첫째 입장은 부채비율로 나타내는 자본구조는 기업가치와 아무런 관련이 없다고 설명한다. 이 입장을 지지하는 접근법이나 이론에는 순영업이익 접근법, MM의 무관련이론, 그리고 밀러의 균형부채이론이 있다.

순영업이익접근법

순영업이익접근법에서는 영업이익이 기업가치를 결정한다는 점에 주목하여 영업이익을 적정 할인율인 가중평균자본비용으로 나누어 기업가치를 평가할 수 있다고 주장한다. 그런데 이 접근법에서는 가중평균자본비용이 부채비율과 관계없이 일정하다고 가정하고 있기 때문에 기업가치는 일정하게 된다.

순영업이익접근법에서 타인자본비용은 일정하다고 가정한다. 그러나 자기자본비용은 재무위험 때문에 부채비율이 증가할수록 높아진다고 가정하고 있다. 따라서 부채비율이 높아질수록 한편으로는 저렴한 타인자본비용이 많이 포함되어 가중평균자본비용을 낮추는 효과가 있지만, 다른 한편으로 자기자본비용이 증가되어 이를 상쇄하기 때문에 결국 가중평균자본비용은 일정하게 된다는 것이다.

무관련이론

노벨상을 받은 두 경제학자인 모딜리아니와 밀러MM는 1958년에 완전자본시장❶에서는 자본구조와 기업가치는 전혀 관련이 없다는 무관련이론을 주장했다.

기업의 자본구조와 기업가치는 전혀 무관하다는 MM의 주장을 제1명제로 설명해 보자. 대차대조표의 차변이 완전히 일치하는 두 기업이 있다고 가정하자. 이 두 기업의 총자산과 영업활동은 똑같다. 그러나 자본을 조달하는 방식이 다르기 때문에 대변은 일치하지 않는다. 이 두 기업의 자본구조를 파이모형으로 나타낼 수 있다. 두 개의 파이

모형에서 자기자본과 부채가 차지하는 비중은 각각 40% 대 60%, 60% 대 40%로 서로 다르다. 그러나 두 기업의 자산가치가 일정하기 때문에 기업가치를 나타내는 파이의 크기는 똑같다.

정태적 균형이론과 자본조달순위이론

자본비용과 자본조달의 용이성 등을 종합적으로 고려한 자본구조 이론으로 정태적 균형이론과 자본조달순위이론이 있다.

정태적 균형이론은 부채의 긍정적 효과와 부정적 효과를 함께 고려하면 기업가치를 최대로 만드는 최적자본구조가 존재한다고 설명한다. 이것은 부채가 증가함에 따라 발생하는 세금절약이득이 재무적 곤경의 확률이 증가함에 따라 발생하는 비용과 일치할 때까지 기업이 부채를 조달한다는 이론이다.

자본조달순위이론은 정보불균형하에서는 투자에 필요한 자금을 먼저 내부금융으로 조달하고, 외부금융이 필요할 경우에는 자본의 조달은 부채, 우선주, 그리고 보통주의 순서대로 발행하여 이루어진다고 설명한다.

둘째 입장 : 자본구조는 기업가치에 양(+)의 영향을 미친다.

자본조달이 기업가치에 양(+)의 영향을 준다는 입장에는 두 가지가 대표적이다. 하나는 순이익 접근법이고, 다른 하나는 밀러와 모딜리아니가 1963년에 주장한 법인세 수정이론이다.

순이익접근법은 부채를 사용하는 정도인 부채비율과 상관없이 자기자본비용과 타인자본비용은 일정하다는 가정에서 출발하고 있다.

투자자의 증권에 대한 요구수익률은 기업 경영자에게는 자본사용에 대한 대가로 지불해야 하는 자본비용이 된다. 그런데 채권투자에 대한 위험이 주식투자에 대한 위험보다 낮기 때문에 채권투자자의 요구수익률이 주식투자자가 요구하는 수익률보다 더 낮다. 따라서 두 자본비용의 가중평균인 가중평균자본비용은 부채비율이 증가할수록 감소하게 된다.

그런데 부채비율이 증가할수록 자본비용이 감소하게 되면 기업의 가치는 부채비율이 높아질수록 증가하게 된다. 결국 순이익접근법은 기업이 부채를 많이 사용할수록 기업가치를 높일 수 있다는 입장을 지지하게 된다.

그렇다면 순이익접근법의 문제는 무엇인가? 이 접근법이 기본적으로 상정하고 있는 가정에 문제가 있다. 우선 자기자본비용이 부채비율의 높고 낮음에 관계없이 일정하다는 가정에 오류가 있다. 주식투자자는 기업이 타인자본을 많이 사용할수록 기업의 재무위험이 더 높아지기 때문에 기업경영자에게 더 높은 요구수익률을 요구할 것이다. 또한 채권투자자의 경우도 마찬가지이다. 부채비율이 낮은 수준에서는 채권투자자가 요구하는 수익률이 낮겠지만 부채비율이 증가할 경우에는 기업의 재무위험이 더 증가하기 때문에 요구수익률이 높아질 수밖에 없다.

법인세 수정이론

다음에 MM의 법인세수정이론의 내용을 살펴보자.

세금이 없을 경우에 부채의 자본비용은 이자율과 동일하다. 그러나 법인세가 존재할 경우 부채의 자본비용은 이자비용의 감세효과 때문에 법인세가 없을 때보다 낮아지게 된다. 예를 들어 이자율이 10%라고 가정할 때 법인세가 없다면 자본비용은 10%가 된다. 그러나 법인세가 존재하고 법인세율이 30%라면 법인세 타인자본비용은 10%가 아니라 7%가 된다. 따라서 기업이 부채를 사용하면 할수록 타인자본비용은 낮아지고 기업가치는 높아진다.

법인세 수정이론에 의하면 기업가치는 다음과 같이 나타낼 수 있다.

$$V_L = V_U + T_C B$$

V_L : 타인자본을 사용할 때의 기업가치

V_U : 타인자본을 사용하지 않을 때의 기업가치

T_C : 법인세율

B : 부채규모

이것을 실제 예를 들어 설명해 보자. 어떤 기업이 타인자본을 사용하지 않을 때의 기업가치가 100, 현재 사용하고 있는 타인자본이 100, 법인세율은 30%라고 가정할 경우 이 기업은 타인자본을 사용함으로써 기업가치가 얼마나 증가하며 총 기업가치는 얼마가 되는가?

$$\begin{aligned} V_L &= 100 + (0.3) \times 100 \\ &= 130 \end{aligned}$$

결국 이 기업은 법인세 수정이론에 의하면 부채를 사용함으로써 증가되는 기업가치는 30이 되고, 총 기업가치는 130으로 증가하게 된다.

셋째 입장 : 자본구조는 기업가치에 음(-)의 영향을 미친다.

부채의 자본비용인 이자의 감세효과를 고려하지 않고 부채에 의한 자본조달이 초래하는 파산비용과 대리인비용을 고려하면 자본구조는 기업가치에 마이너스의 영향을 미친다고 말할 수 있다.

기업의 부채비율이 높아질수록 기업이 채권자들에게 채무를 이행하지 못할 확률도 증가한다. 만약 이런 일이 발생한다면 기업의 자산에 대한 소유권은 주주로부터 채권자에게 넘어간다.

기업이 파산을 하게 되면 파산과 관련하여 법적, 행정적 비용이 발생하게 되며 이를 직접파산비용이라고 한다. 기업이 파산을 하게 되면 기업 이미지의 실추 때문에 고객을 잃고 거래처를 상실하게 된다. 그 결과 판매가 감소하고 영업활동이 위축되어 손해를 보게 된다. 또한 새로운 자본조달도 어렵게 되며 자본조달이 가능하더라도 높은 자본비용을 지불하게 된다. 이러한 여러 가지 비용을 간접파산비용이라 한다.

파산에 따라 발생하는 직접비용과 간접비용은 전체 기업가치에서 상당한 부분을 차지한다. 알트만Altman은 기업의 파산시점에서 발생하는 직접파산비용은 기업가치의 약 6.2%, 간접파산비용은 기업가치의 약 10.5%에 달하는 것으로 측정하고 있다.❷

기업은 경영자, 주주, 채권자 등 많은 이해관계자가 있다. 이러한 이해관계자들이 자신의 이익을 극대화하는 과정에서 발생하는 비용을 대리인비용이라고 한다. 대리인비용에는 세 가지가 있다. 먼저 감시비용이 있다. 감시비용은 대리인의 행위가 주체의 이익으로부터 이

탈하는 것을 제한하기 위하여 주체가 부담하는 비용을 말한다. 둘째, 확증비용이 있다. 확증비용은 대리인이 주체에게 해가 되는 행위를 하지 않고 있음을 확증하기 위하여 대리인이 부담하는 비용을 말한다. 셋째, 잔여손실이 있다. 이것은 감시와 확증에도 불구하고 제거되지 않는 비용을 말한다.

결국 기업은 부채의 증가로 인해 파산확률이 높아지게 되고 파산비용과 대리인비용도 증가하게 된다. 비용이 증가하는 만큼 기업가치는 감소하게 된다.

IMF 외환위기와 성경의 빚에 대한 교훈 ㅣ

저자는 한때 속히 부자가 되고 싶은 마음에 돈을 빌려 투자를 한 적이 있었다. 대학에서 배우고 가르친 대로 타인자본의 레버리지 효과만 알고 있었기 때문에 성경적인 뜻과는 상관없이 조급한 마음으로 빌려 투자를 한 것이다. 그 당시에는 성경에서 빚에 대해 언급하고 있는 사실조차 모르고 있었다.

투자한 자산가격이 오를 것이라는 기대와는 달리 오히려 하락하고 차입금에 대한 이자는 꼬박꼬박 지불해야 하고 대출기한은 너무 빨리 다가왔다. 마음이 답답해서 기도를 하는데 로마서 13장 8절 말씀이 생각났다.

“피차 사랑의 빚 외에는 아무에게든지 아무 빚도 지지 말라 남을 사랑하는 자는 율법을 다 이루었느니라.”

이 말씀을 묵상하다가 성경에서는 차입을 금지하고 있다는 생각이 들어서 하나님의 뜻이 그렇다면 빚지지 않고 살기로 작정을 하였다. 결국 빚을 얻어 구입한 자산을 매각하고 모든 종류의 빚을 다 갚았을 때 마음에 알 수 없는 평안이 찾아왔다.

이 일이 계기가 되어 미국에 방문교수로 있을 때 성경에서 가르치고 있는 차입과 대출에 대한 원리를 연구하게 되었다.

1996년에 귀국한 후 연구결과를 정리하여 "성경적 차입 및 대출원리"라는 제목의 논문으로 발표하였다. 또한 이 논문에서 한국경제가 심상하지 않은 것을 알고 경고하였다. 그런데 1997년에는 드디어 정부가 IMF 국제기구로부터 550억 불의 긴급구제금융을 요청하기에 이르렀다. 이것이 우리가 잊지 못하는 IMF 외환위기이다.

저자는 성경이 가르치는 빚에 대해 많은 사람들에게 알려야 되겠다는 생각이 들어 『빚진 자로 살 것인가 빌려주는 자로 살 것인가』라는 단행본을 1998년에 내게 되었다. 이 책에서, IMF 외환위기는 한국의 정부를 비롯하여 기업경영자와 백성이 하나님의 말씀을 무시하고 산 결과로 나타난 경제현상으로 설명하였다. 그리고 개인이나 가계가 빚지지 않고 살도록 성경적 관점에서 가계재무관리의 원리를 정리하였다.

설문조사를 통한 실증연구 |

저자는 이때 또 다른 실증적 연구를 하게 되었다. "기독인경영기업과 일반기업의 자본구조전략 차이에 관한 실증적 분석"이란 논문은 미국 기독인 경영기업의 최고경영자를 대상으로 설문조사를 실시하여 자료를 수집하고 분석할 결과를 정리한 연구이다. 이 논문에서 성경적 차입원리를 다섯 가지로 설명한 후에 몇 가지의 가설을 설정하고 각 가설을 검증하였다.

차입에 관한 다섯 가지 원리를 간단히 살펴보자.

제1 원리 : 차입은 성경에서 허용되어 있으나 될수록 억제하라.

어떤 사람들은 차입 자체가 성경에 금지된 것으로 가르치고 있다. 이 사람들은 물론 좋은 의도를 가지고 가르치고 있다. 이런 입장을 가지고 있는 교사들은 그 근거로 로마서 13장 8절을 제시한다.

그런데 성경이 차입을 금지하고 있는 것은 아니다. 레위기를 보면 하나님의 백성이 차입하고 대출하는 것은 허용되어 있다. 심지어 동족이 아닌 외국인에 빌려줄 경우에는 이자도 받을 수 있었다.

제2 원리 : 차입자는 대출자의 제한을 받게 된다.

솔로몬은 차입자는 대출자의 구속을 받게 되며 심지어 채권자의 종이 될 수 있다는 것을 잠언으로 교육하고 있다.

"부자는 가난한 자를 주관하고 빚진 자는 채주의 종이 되느니라" 잠언 22:7.

이 짧은 잠언은 빚진 자는 채권자의 종이 될 수 있는 처지에 놓일 수 있게 된다는 것을 우리에게 경고하고 있다. 구약시대에는 돈을 빌리고 기한 내에 갚지 못할 경우에는 채권자가 빌린 사람과 자녀들을 종으로 삼을 수 있도록 법적으로 허용하고 있었다.

제3 원리 : 차입은 정상적인 신호가 아니다.

하나님의 백성이 차입하게 되는 것은 바로 하나님의 말씀을 부지런히 지키지 않을 때 초래되는 현상 가운데 하나라고 신명기에서 기록하고 있다. 반대로 대출은 이스라엘 백성이 하나님의 말씀을 순종해서 살 때 자연적으로 발생하는 축복의 현상 가운데 하나이다.

"그는 네게 꾸어줄지라도 너는 그에게 꾸어주지 못하리니 그는 머리가 되고 너는 꼬리가 될 것이라" 신명기 28:44.

"여호와께서 너를 위하여 하늘의 아름다운 보고를 여시사 네 땅에 때를 따라 비를 내리시고 네 손으로 하는 모든 일에 복을 주시리니 네가 많은 민족에게 꾸어줄지라도 너는 꾸지 아니할 것이요" 신명기 28:12.

결국 하나님의 말씀에 순종해서 살면 채권국이 될 것이나 반대로 불순종해서 살게 되면 채무국이 되어 부자 나라의 지배를 받으며 살게 된다. IMF 경제위기와 같은 사태는 언제든지 다시 올 수 있다는 것을 이 말씀은 보여준다.

제4 원리 : 장기부채를 누적시키지 말라.

돈을 많이 가진 자는 돈을 빌려주지 않을 수 없다. 또 그들은 될수록 장기간 대출할 필요가 있다. 최근에는 주택담보대출의 경우에는 대출기한을 35년까지 허용하고 있다. 그런데 하나님의 백성은 부득이 차입을 할 경우라도 최대 기한은 7년임을 기억할 필요가 있다.

"매 칠 년 끝에는 면제하라 면제의 규례는 이러하니라 그의 이웃에게 꾸어준 모든 채주는 그것을 면제하고 그의 이웃에게나 그 형제에게 독촉하지 말지니 이는 여호와를 위하여 면제를 선포하였음이라" 신명기 15:1-2.

제5 원리 : 채무는 반드시 갚아라.

오늘날은 상황윤리가 널리 수용되고 있는 현실이다. 그래서 특히 제품이나 서비스에 결함이 있을 때나 자신의 재정적 상황이 통제 불가능할 때는 빚을 갚지 않아도 된다고 합리화하기 쉽다. 그러나 남의 돈을 빌리고 만기에 갚지 않는 자는 악인인 것이다. 시편에는 이렇게 기록되어 있다.

"악인은 꾸고 갚지 아니하나 의인은 은혜를 베풀고 주는도다" 시편 37:21.

저자는 이 논문에서 빚에 대한 다섯 가지 원리를 정리한 후에 여러 가지 가설을 설정하여 검정을 하였는데 그 중 한 가설은 '기독인경영기업의 부채비율과 일반기업의 부채비율은 차이가 없다' 였다.

실증분석결과에 의하면 기독인경영기업과 일반기업의 부채비율이 통계적으로 유의한 차이가 없는 것으로 나타났다. 그러나 표본 기업 가운데 '무부채 정책' 과 될수록 부채를 적게 사용하는 '보수적 부채 정책' 을 추구하는 기독인경영기업이 약 50% 정도 되었다.

차입정책과 기업부실예측 |

저자는 또한 "재무정책과 기업부실예측" 이란 논문에서 기업의 부채비율과 부실확률 사이에 어떤 관계가 있는가를 조사하기 위해 한국의 부실기업을 표본으로 하여 실증분석을 하였다. 이 실증분석결과에 의하면 부실 4년 전과 부실 5년 전에는 추정모형에서 자기자본순이익률과 총자본부채비율이 기업부실에 유의한 영향을 주는 것으로 나타났다. 즉, 부채를 많이 사용하는 기업이 부실이 높은 것으로 확인되었다.

솔로몬의 교훈과 예수 그리스도의 교훈

솔로몬은 잠언 22장 7절에서 "부자는 가난한 자를 주관하고 빚진 자는 채주의 종이 되느니라" 고 말하고 있다.

이 잠언을 묵상하고 관찰해 보면 상반절에 나오는 부자와 하반절의 채주(채권자)가 일치함을 알 수 있다. 또한 상반절의 가난한 자와 하반절의 빚진 자가 정확하게 일치한다. 따라서 솔로몬은 채권자가 부자이고 채무자는 빈자라는 것을 암묵적으로 말하고 있다.

그런데 누가복음 16장에 나오는 '불의한 청지기의 비유' 에서 예수 그리스도의 빈부에 대한 암묵적인 정의도 솔로몬의 정의와 일치하는 것을 확인할 수 있다. 이 비유에서 빚진 자는 채권자인 주인으로부터 기름과 밀을 차입하였다. 이 두 가지는 모두 생활의 필수품이기 때문에 오늘날 돈이 많은 기업이 차입하는 것과는 달리 먹을 것이 없어서 돈을 빌린 것이라고 이해할 수 있다. 따라서 이 비유에서 예수 그리스도도 솔로몬이 정의하는 대로 채권자는 부자이고, 채무자는 빈자라는 사실을 전제하고 있다.

무차입경영기업의 증가 |

기독인 경영자인 스탠리 탬은 원칙적으로 타인자본을 사용하지 않는 것으로 알려져 있다. 그리고 IMF 외환위기 이후에는 한국의 많은 대기업도 무차입 정책을 선언하고 있는 것으로 조사되었다.

최근 큐릭스를 인수한 태광그룹이 본격적으로 방송통신사업에 나서기로 한 것으로 알려졌다. 그런데 태광그룹은 최대한 무차입 경영을 유지하고 현금이 많은 것으로 유명하다.❸ 한 경제신문의 보도에 의하면 태광도 2008년 말 현재 차입금이 제로(0원)로 무차입경영을 하고 있는 회사로 잘 알려져 있다. 이 회사는 2009년에도 현금 안정성 위주의 경영으로 무차입경영을 이어나갈 계획이다.

또 현금이 많은 신도리코도 무차입 경영을 원칙으로 하고 있는 회사이다. 이 회사는 1995년 이후 꾸준히 배당을 해왔고 2001년 이후엔 매년 200억 원 이상을 배당금으로 지급하고 있다.❹

한 일간지 보도에 의하면 대구백화점은 1944년 창사 이래 처음으로 금융권에 빚이 전혀 없는 무차입경영을 실현하였다.❺ 대구백화점은 2008년 11월 7일자로, 도래한 대구은행의 일반자금대출 50억 원을 전액 상환함으로써 무차입 경영을 실현하게 됐다고 밝혔다.

또한 중소기업으로 30년 동안 무차입경영을 한 것으로 알려진 양지실업도 있다.❻ 이 회사의 정석주 회장은 30년 동안 무차입 흑자경영의 성공신화를 이룬 공로로 정부로부터 특별공로패를 받았다. 정 회장은 1977년 자본금 1,000만 원으로 봉제완구 수출업체인 양지실업을 창업을 한 이래, 30년 동안 분규, 차입, 클레임이 없는 3무 흑자경영을 이룬 것으로 알려졌다.

12
정리를 위한
토론 문제

1. 기업이 투자에 필요한 자본을 조달하는 방법을 아는 대로 말해 봅시다. 또 기업이 자본을 조달할 때 어떤 요인(자본비용 포함)을 중점적으로 고려하는지 토론해 봅시다.

2. 원천별 자본비용component cost of capital과 가중평균자본비용weighted cost of capital: WACC을 알기 쉽게 설명해 봅시다. 또 가중평균자본비용의 추정방법을 설명해 봅시다.

3. 부채비율로 대표되는 자본구조는 기업가치에 어떤 영향을 준다고 생각합니까? 세 가지 입장을 각각 설명하고 자신의 입장을 하나 선택하여 지지하는 이유를 말해 봅시다.

4. 성경은 차입에 대해 어떤 입장을 가지고 있습니까? 차입에 대한 다섯 가지 원리를 설명하고 성경의 가르침을 종합하여 자신이 이해한 것을 바탕으로 말해 봅시다.

5. IMF 외환위기 이후에 '무차입경영'을 하는 기업이 점차 증가하고 있습니다. 무차입경영을 실시하고 있는 기업을 아는 대로 말하고 무차입경영의 장단점에 대해 말해 봅시다. 특히 무차입경영을 하는 기업의 경영특성을 말해 봅시다.

13
배당경영과 사회적 책임

"선을 행하고 선한 사업을 많이 하고 나누어 주기를 좋아하며 너그러운 자가 되게 하라"디모데 전서 6:18.

Command them to do good, to be rich in good deeds, and to be generous and willing to share.

기업이 일정 기간 영업활동을 한 후에는 그 성과를 여러 이해관계자에게 나누어 주는 역할을 하게 된다. 여러 가지 배분활동 가운데 하나는 배당을 주주에게 나누어주는 활동이다.

배당경영 |

배당은 기업의 순이익으로부터 현금 또는 주식의 형태로 주주에게 지급하는 것을 말한다. 이 배당지급도 하나의 경영활동으로 볼 수 있다. 따라서 기업경영자는 먼저 배당계획을 세워야 한다. 다음에, 그 계획에 따라 배당을 실행한다. 그리고 마지막으로 배당이 세운 목표에 따라 잘 실행되었는지 평가를 한다. 즉, 경영자는 배당계획, 배당실행, 그리고 배당평가의 경영을 한다.

배당의 지급형태 |

기업은 배당을 어떻게 지급하는가? 가장 일반적인 형태의 배당은 현금배당이다. 이것은 현금으로 배당을 지급하는 것을 말한다. 현금배당에는 매기 정규적으로 지급하는 정기현금배당과 일시적으로 이익이 증가하였거나 사내유보이익이 필요 이상으로 많을 때 지급되는 특별 현금배당이 있다.

청산배당은 기업의 청산과정에서 채권자 지분을 지급하고 남은 재산을 주주에게 나누어 주는 것을 말한다.

기업은 현금으로만 배당을 지급하는 것은 아니다. 특수한 방법으로 배당을 지급할 수 있다. 그 가운데 하나는 주식배당이다. 이것은 배당을 현금으로 지급하는 것이 아니라 그 회사의 주식으로 지급하는 것을 말한다. 예를 들어 주식배당이 10%라 할 때 10주 소유한 주주들은 1주를 배당으로 받는 형태이다.

또 다른 하나는 자사주 재매입이 있다. 배당할 수 있는 현금으로 시장에 유통되고 있는 주식을 매입함으로써 발행된 주식수를 줄이고 이로 인하여 미래에 주주들에게 더 많은 배당을 지급할 수 있다. 최근에는 한국 기업들도 여러 가지 이유로 자사주 재매입을 실시하고 있다.

배당금의 지급절차 |

우리나라의 경우 배당은 매 사업연도의 결산 후에 주주총회의 의결을 거쳐서 지급되는 것이 보통이다. 배당금의 지급은 주주총회의 의결이나 이사회의 의결이 있은 후 1개월 이내에 하도록 상법에 규정되어 있다. 주주총회가 사업연도 경과 후 2 내지 3개월 후에 개최되기 때문에 배당을 받을 수 있는 주주의 자격을 결정하는 배당기준일과 실제로 배당금이 지급되는 배당지급일과는 상당한 시간적 차이가 발생한다. 주주나 경영자가 배당지급과 관련하여 알아야 할 중요한 절차적 기준일은 다음과 같다.

• 배당기준일

사업연도의 마지막 날로 배당을 받을 권리를 가지는 주주를 확정하기 위한 기준일이다. 12월 말 결산법인의 경우 12월 31일이 배당기준일이 된다.

• 배당락일

배당을 받을 권리가 상실되는 첫 거래일을 말한다. 우리나라의 경우에는 거래체결일을 포함하여 거래체결일로부터 3일째 되는 영업일에 결제가 이루어지므로 배당락일은 배당기준일 하루 전이다.

• 배당공시일

기업이 정한 배당에 관한 구체적인 내용이 증권시장에 공표되는 날이다. 배당공시는 회사에 따라 이사회의 결의일에 이루어질 수도 있고 주주총회의 승인이 이루어진 주주총회일에 이루어질 수도 있다.

• 배당지급일

주주에게 실제로 배당금을 지급하기 시작하는 날이다. 배당지급일은 배당공시일부터 1개월 이내이다.

배당과 기업가치의 관계 |

기업경영의 목표가 기업가치를 극대화하는 것이라면 경영자는 배당이 기업가치에 어떤 영향을 주는가에 관심을 가질 것이다. 결국 배당과 기업가치 사이에 어떤 관계가 존재하느냐에 대한 경영자의 인식에 따라 그가 취하는 배당정책이 달라질 것이다. 이에 대한 입장은 세 가지로 정리할 수 있다.

첫째 입장 : 배당은 기업가치에 양(+)의 영향을 준다.

첫째, 배당이 기업가치에 양(+)의 영향을 준다는 입장이 있다. 이 입장을 지지하는 자를 우파라고 부른다. 그래함Graham과 돗드Dodd, 그리고 고든Gordon이 대표적인 학자이다.

배당이 기업가치를 높인다는 주장을 할 수 있는 요인에는 어떤 것이 있는가? 먼저 배당은 대리인비용을 줄인다. 경영자가 배당을 하는 대신 사내유보를 늘리면 자신의 특권적 소비를 늘릴 수 있다. 따라서 주주의 입장에서 볼 때 경영자의 특권적 소비가 심한 경우에는 배당을 늘려서 경영자의 재량으로 사용할 수 있는 유보이익을 줄이는 것이 기업가치를 높일 수 있게 된다.

또 배당은 정보효과가 있다. 배당을 지급하거나 증가시킬 때 배당이 내포하는 정보 때문에 주식의 가격이 상승한다는 것이 배당정보효과이다. 일반적으로 기업경영자는 투자자에 비해 더 많은 정보를 가지고 있는 것이 사실인데 배당은 기업의 미래전망에 대한 정보를 투자자에게 알리는 수단이 된다.

배당의 중요성을 내세우는 또 하나의 이유는 투자자는 불확실한 미래의 수입보다는 확실한 현재의 수입을 선호한다는 것이다.

둘째 입장 : 배당이 기업가치에 음(-)의 영향을 준다.

둘째, 배당이 기업가치에 음(-)의 영향을 준다는 입장이 있다. 이 입장을 지지하는 자를 급진적 좌파라고 부른다. 이들은 배당소득세율이 자본이득세율보다 높기 때문에 배당을 적게 하는 것이 주주에게 유리하다고 주장한다.

기업이 배당을 하는 경우 주주는 배당소득 가운데 일부를 배당소득세로 지급하게 된다. 그러나 배당을 하지 않고 미래투자를 위한 유보이익으로 남겨둘 경우에는 그 결과가 주가에 반영되고 결국에는 주식을 매도할 때 주주는 자본이득에 대해 자본이득세를 지급하게 된다. 대부분의 경우 배당소득세율과 자본이득세율은 서로 다르다.

우리나라의 경우 자본이득은 과세대상이 아닌 반면 배당소득에 대해서는 20%의 세율을 적용하고 있다. 따라서 이들 세율요인만 고려한다면 배당이 기업가치에 음(-)의 영향을 준다고 할 수 있다.

셋째 입장 : 배당은 기업가치에 아무런 영향을 주지 않는다.

셋째, 배당이 기업가치에 아무런 영향을 주지 않는다는 입장이 있다. 이들을 중도파라고 부른다. 이 입장을 지지하는 대표적 학자는 밀러와 모딜리아니(MM)이다. 이들은 완전자본시장에서는 배당과 기업가치는 아무런 관련이 없다고 주장하고 있다.

MM은 자본시장이 완전하다는 가정하에서 배당무관련이론을 주장하였다. MM이 말하는 완전자본시장은 자금을 외부에서 얼마든지 조달할 수 있으며 세금과 거래비용이 없다는 가정을 포함하고 있다. 또한 MM은 시장의 정보가 누구에게나 완전하게 전달된다는 가정을 하고 있다.

현실적 배당정책의 선택 |

배당이 기업가치에 어떤 영향을 주는가에 대해서는 실증적으로 많은 연구가 있다. 그런데 한 가지 주목해야 할 것은 이론적 주장에 관계없이 많은 기업이 배당을 하고 있다는 사실이다.

기업경영자는 배당결정을 할 때 다음 요소들을 고려하여야 한다.❶

• 순이익과 새로운 투자기회

기업의 배당정책 결정에 있어서 중요한 요인 중의 하나는 순이익이다. 순이익이 발생해야 배당재원이 생긴다. 다른 한편 기업이 우량한 투자기회가 많을 때에는 배당을 지급하기보다는 사내유보를 많이 해서 기업가치를 증가시켜야 한다.

• 대체 자본조달원과 기업지배권

배당으로 인하여 기업의 투자자금이 부족해지면 주식이나 회사채를 발행하여 투자자금 부족액을 충당하여야 한다. 보통주를 발행하여 소요자금을 조달하면 발행비용이 수반될 뿐만 아니라 기업경영의 지배권에 변동이 생길 가능성이 있다. 또 사채로 조달하면 사채권자가 기업경영에 간섭할 수도 있다.

• 제약조건

기업의 부채상환의무, 자본충실화, 그리고 기업의 유동성도 고려하여 배당결정을 하여야 한다. 예컨대, 부채상환의무가 있을 경우에는 배당지급을 자제하고 부채상환을 우선적으로 고려해야 한다.

• 영업상의 성격

기업의 성격상 이익이 안정적으로 창출되는 기업은 미래 현금흐름을 비교적 정확하게 예측할 수 있으므로 배당을 많이 지급할 수 있지만 이익의 변동성이 큰 기업의 경우에는 배당보다는 사내유보를 통하여 경영의 안정성을 높이게 된다.

• 산업의 배당관행과 외국투자자의 기대

이 외에도 기업이 속해 있는 산업의 배당관행도 무시할 수 없다. 동종업종에 속한 기업들의 배당성향이나 배당률 등도 고려해야 한다. 그리고 외국투자자의 지분율이 높을 경우에는 이들의 요구와 기대에도 부응해야 한다.

요컨대, 기업의 현실적 배당정책은 기업의 순이익과 투자기회, 산업의 배당관행, 기업의 목표 배당성향 등을 종합적으로 고려하여 수립해야 한다.

이해관계자와 청지기의 원리 |

기업의 경영성과인 이익을 어떻게 나눌 것인가? 먼저 NCR의 사명 선언을 살펴보면, 여러 가지 사명 가운데 이익과 관련이 있는 것은 두 가지다.

첫째, 우리는 정직과 존경을 가지고 기업활동을 수행하는 데 기초하여 모든 이해관계자와 상호 유익하고 지속적인 관계를 구축하는 것을 믿는다.

둘째, 우리는 투자수익률을 증대하여 주주와 투자자 집단을 위해 가치를 창조하는 데 헌신한다.

헨리 포드 2세는 이렇게 말한 적이 있다. "산업체와 사회의 계약관계가 변화하고 있습니다. 지금 우리는 더 넓은 인간적 가치에 봉사하고 상업적 거래를 전혀 하고 있지 않은 대중에 대한 의무를 수행하도록 요청받고 있습니다."

포드는 기업이 그 지역사회 및 세계와 복잡한 상호관련성을 맺고 있음을 인식했다. 어떤 기업도 진공상태에서 존재할 수는 없다. 기업은 그 지역사회로부터 종업원, 경찰과 화재보호, 안정된 정부 등을 필요로 한다. 또 기업은 물과 공기, 그리고 만인의 소유인 천연자원을 사용한다. 모든 기업은 지역사회의 자원을 관리하는 훌륭한 청지기이자 좋은 이웃이다. 기업은 지역사회의 전체 복지에 기여할 책임이 있다. 이것이 소위 말하는 기업의 사회적 책임이다.

NCR은 이웃에 대한 책임을 매우 중시하고 있다. NCR은 그들의 활동에 영향을 받는 모든 사람과 단체들을 이해관계자라 불렀다.

그리스도인들은 또 다른 차원을 추가하여야 한다. 하나님은 궁극적으로 모든 것을 소유하신다. 다윗은 시편에서 이렇게 노래하고 있다.

“땅과 거기에 충만한 것과 세계와 그 가운데에 사는 자들은 다 여호와의 것이로다” 시편 24:1.

하나님은 모든 사람이 의미있고 생산적인 삶을 살 수 있도록 지구와 땅의 모든 자원을 경영할 책임을 우리에게 부여하셨다. 하나님은 우리에게 하나님의 소유를 경영하는 데 있어서 일정한 지침 내에서 결정할 자유를 허용하셨는데, 그 자유에는 책임이 따른다. 우리는 청지기로서 하나님의 대리인으로 결정한 것에 대해 하나님께 보고할 책임이 있다.

하나님은 모든 것의 소유주로서 만물을 경영하는 청지기의 사명을 우리에게 부여하셨다. 따라서 기업은 경영성과를 주주를 포함해서 모든 이해관계자에게 정의와 사랑에 기초해서 공평하게 배분해야 할 책임이 있다.

실증분석결과의 시사점 I

저자는 “재무정책과 기업부실예측”의 논문에서 배당과 기업부실확률 간에 음(–)의 관계가 존재하는 것을 발견하였다. 이것은 배당수준이 낮을수록 기업의 부실확률이 높다는 것을 뜻한다. 따라서 배당수준이 낮은 기업은 부실의 전조가 있는 것이 아닌지 확인할 필요가 있다. 배당지급액이 낮은 원인이 무엇인지 다양한 각도에서 규명하여 부실이 발생하기 이전에 예방할 필요가 있다.

사회적 책임에 대한 성경적 근거 |

사회적 책임에 대한 성경적 근거는 무엇인가? 마지막 날에 예수 그리스도의 심판을 묘사하고 있는 마태복음 25장 31절부터 46절까지에서 그 근거를 찾을 수 있다. 그리스도께서 주리고 목마른 자에게 먹을 것과 마실 것을 준 자, 나그네를 영접한 자, 벗은 자에게 옷을 입힌 자, 병든 자를 돌아본 자, 옥에 갇힌 자를 돌본 자에게 "내 아버지께 복 받을 자들이여 나아와 창세로부터 너희를 위하여 예비된 나라를 상속받으라"는 말씀을 하셨다.

그러나 그리스도께서 이와 같은 자들을 돌보지 아니한 자에게는 "저주를 받은 자들아 나를 떠나 마귀와 그 사자들을 위하여 예비된 영원한 불에 들어가라"고 하셨다. 따라서 기업은 이익의 일부를 사회의 약자들을 돌보는 일에 사용해야 한다.

지역사회에 대한 책임 |

우리는 우리가 살고 있는 지역사회도 돌볼 책임이 있다. 그 근거를 '선한 사마리아인의 비유'가 소개되고 있는 누가복음 10장 25절부터 37절까지에서 찾을 수 있다.

여기서 율법교사는 예수 그리스도께 이런 질문을 하였다.

"선생님 내가 무엇을 하여야 영생을 얻으리이까?"

예수께서는 이렇게 반문을 하셨다.

"율법에 무엇이라 기록되었으며 네가 어떻게 읽느냐?"

율법교사는 다시 이렇게 답했다.

"네 마음을 다하며 목숨을 다하며 힘을 다하며 뜻을 다하여 주 너의 하나님을 사랑하고 또한 네 이웃을 네 자신같이 사랑하라 하였나이다."

예수께서는 그에게 이렇게 답을 하셨다.

"네 대답이 옳도다 이를 행하라 그러면 살리라."

율법교사가 자신을 옳게 보이려고 예수께 다시 이렇게 물었다.

"그러면 내 이웃이 누구니이까?"

그러자 예수 그리스도께서 선한 사마리아인의 비유를 그에게 들려주신다.

예수께서는 비유를 마치면서 율법교사에게 다시 질문을 던지셨다.

"네 생각에는 이 세 사람 중에 누가 강도 만난 자의 이웃이 되겠느냐?"

율법교사가 "자비를 베푼 자니이다" 하고 대답을 마쳤다.

곧 예수께서 그에게 이렇게 말씀하셨다.

"가서 너도 이와 같이 하라."

그리스도인은 하나님을 사랑하는 자이다. 우리가 하나님을 사랑한다면 사마리아인과 같이 곤경에 처한 이웃을 돌보는 것이 마땅하다. 따라서 그리스도인 기업경영자는 기업도 선한 사마리아인처럼 착한 일을 많이 하는 조직이 되도록 할 책임이 있다.

환경에 대한 책임 |

기업은 환경에 대한 책임도 수행해야 한다. 하나님께서 사람을 창조하시고 모든 피조물을 다스리도록 하셨고 에덴동산을 가꾸고 지키도록 하셨기 때문에 기업은 환경을 하나님 보시기에 좋도록 보존할 책임이 있다. 특히 제품을 제조하고 서비스를 제공하는 과정에서 환경을 오염시키고 파괴시키지 않도록 그 책임을 다하여야 한다.

환경을 지키는 방법 가운데 하나는 농사를 지을 때 안식년을 지키는 것이다. 레위기에는 이렇게 기록하고 있다.

"너는 육 년 동안 그 밭에 파종하며 육 년 동안 그 포도원을 가꾸어 그 소출을 거둘 것이나 일곱째 해에는 그 땅이 쉬어 안식하게 할지니 여호와께 대한 안식이라 너는 그 밭에 파종하거나 포도원을 가꾸지 말며" 레위기 25:3-4.

유통업을 하는 기업에서는 환경친화적인 농산품을 우선적으로 구매하여 파는 것이 환경을 돌보고 사람의 건강을 증진하는 길이 될 것이다.

또 우리는 가축의 생명을 돌보아야 한다. 우리는 모든 새, 고기, 포유류를 돌보아야 한다. 솔로몬은 의인은 가축의 생명을 돌아보아야 한다고 우리에게 가르치고 있다.

"의인은 자기의 가축의 생명을 돌보나 악인의 긍휼은 잔인이니라" 잠언 12:10.

또한 하나님께서는 이스라엘 건축자에게 인간의 생명을 안전하게 할 수 있도록 설계하고 안전시설을 갖추도록 명령하셨다.

"네가 새 집을 지을 때에 지붕에 난간을 만들어 사람이 떨어지지 않게 하라 그 피가 네 집에 돌아갈까 하노라" 신명기 22:8.

세계의 빈자에 대한 책임 |

이제 많은 한국 기업은 세계적인 기업이 되고 있다. 한국은 지금 세계 제1의 조선대국이며, 반도체와 통신분야, 그리고 제철분야에서도 두각을 나타내고 있다. 또 자동차와 전자제품은 세계 최상의 수준에 올랐다.

어떻게 한국경제가 오늘날처럼 부흥하게 되었는가? 여러 가지 원인이 있겠지만 남한과 북한을 비교하면 쉽게 그 답을 찾을 수 있다. 북한은 종교의 자유가 없고 남한은 기독교를 비롯한 중요한 종교가 큰 역할을 했다고 볼 수 있다. 그 중에서도 저자는 성경의 관점에서 이유를 찾고자 한다.

신용한 한국기독실업인회CBMC 회장은 2008년 제23회 전국 대학교수선교대회에서 한국경제의 비약한 부흥의 원인을 이렇게 말씀하셨다.

"우리 기독교인들은 안다. 한국기독교인들의 생명을 건 울부짖음에 하나님께서 응답하실 수밖에 없었고 그래서 보여 주셨던 크고 비밀한 일들을 한국인들이 부지런히 실천하고 헌신한 결과였다는 것을 우리는 안다."

신 회장이 인용한 말씀은 예레미야 33장 3절이었다.

"너는 내게 부르짖으라 내가 네게 응답하겠고 네가 알지 못하는 크고 은밀한 일을 네게 보이리라."

신 회장의 강의에 의하면 20세기의 대표적인 대예언자인 빌 해먼Bill Hamon 목사가 국회에서 한국 기독인 국회의원을 대상으로 설교를 하게 되었는데 그 때 전한 말씀의 요지는 다음의 세 가지였다.

첫째, 온전히 하나님만을 섬겨라. 이스라엘이 본토에 들어가서 바알신과 아스다롯을 같이 섬겨서 하나님을 진노하시게 했는데 한국교인들은 철저하게 하나님만을 섬겨서 노하심을 피하라는 것이다. 하나님의 극진한 사랑을 받는 제2선민이 되어 달라는 것이다.

둘째, 선민은 이방인들을 경멸하라고 세우신 것이 아니고 이들을 사랑하고 섬겨서 하나님의 백성으로 만들라고 세우셨음을 잊지 말라는 것이다. 이웃과 이웃 나라를 진심으로 섬기고 그들에게 사랑을 베풀어서 그들을 하나님의 백성으로 변화시키라는 것이다.

셋째, 선민인 한국교회에 엄청난 축복을 베푸셨고 계속 베푸실 터인데 이것이 한국인만 잘 먹고 잘 살라 주시는 것이 아니라는 사실을 바로 알라는 것이다. 주신 축복을 이웃과 이웃 나라와 나누고 베풀라는 것이다.

결국 기업이 기업활동으로 얻은 이익을 통해, 적게는 기업이 속한 지역과 한국사회에 대한 책임을 다해야 하지만 넓게는 세계를 가슴에 품고 가난하고 어려운 외국인들을 잘 섬길 때 하나님께서는 더욱 사업을 축복해주실 이유가 있는 것이다.

예수 그리스도께서 하신 말씀을 다시 되새겨 보자.

"그런즉 너희는 먼저 그의 나라와 그의 의를 구하라 그리하면 이 모든 것을 너희에게 더하시리라" 마태복음 6:33.

13
정리를 위한
토론 문제

1. 배당의 지급형태를 말해 보고 어떤 배당지급 형태가 가장 좋은 방법인지 말해 봅시다.

2. 배당의 지급절차와 관련하여 배당기준일, 배당락일, 배당공시일,그리고 배당지급일을 설명하여 봅시다.

3. 배당은 기업가치에 어떤 영향을 준다고 생각합니까? 세 가지 입장을 각각 설명하고 자신의 입장을 하나 선택하여 지지하는 이유를 말해 봅시다.

4. 사회적 책임에 대한 성경적 근거를 말해 봅시다.

5. 20세기의 대표적인 대예언자인 빌 해먼 목사가 국회에서 한국 기독인 국회의원을 대상으로 설교한 요지를 설명해 봅시다. 이것과 관련하여 기업이 다른 나라의 가난과 어려움에 관심을 가져야 하는 이유를 말해 봅시다.

주 | 註

I. 영원한 경영의 기초

01_ 왜 성경으로 기업경영을 배워야 하는가?

1. Walter Wright, "Management," Stevens, Paul (1997), *The Complete Book of Everyday Christianity*, InterVarsity Press, p. 599.
2. 배종석 외(2006), 기업이란 무엇인가, 예영커뮤니케이션, 17.
3. 전게서, 18.
4. 박정윤(1998),『빚진 자로 살 것인가 빌려주는 자로 살 것인가』, 삼영사, 16.
5. 브루스 핸더슨, 조지아 가이스(2008),『서브프라임 크라이시스』, 랜덤하우스, 10.
6. 전게서, 31.
7. 전게서, 33.
8. 전게서, 64.
9. 국민일보, 2009년 1월 18일자.
10. 갈라디아서 3:14.

02_ 하나님의 경영과 사람의 경영

1. Koontz가 대표적인 학자이다.
2. 박정윤, "진정한 창조적 경영," 크리스챤 투데이, 2008. 5. 1일자.
3. Peter James Flamming(1985), *Layman's Library of Christian Doctrine: God and Creation*, Broadman Press, Nashiville, Tennessee, pp. 56-58.
4. 마태복음 25:14-30.
5. Kenneth A. Mathews(1996), *The New American Commentary*, Broadman &

Holma Publishers, Volume 1A, p. 178.

6. 이택수, "새시대의 화두: 환경친화적 경영과 경영학," 한국산업경영학회보, 한국산업경영학회, 1, 2000. 2. 7.
7. Henry T. Blackaby and Claude V. King(1993), *Experiencing God*, 문정민과 교회출판부 역, 요단출판사, 118-119.
8. 창세기 1장 26절 - 28절.
9. 예수 그리스도는 '불의한 청지기 비유' 에서 어떤 부자의 청지기가 주인의 소유를 허비하였기 때문에 불의한 청지기라고 지칭하고 있다(누가복음 16:8).
10. 마태복음 10:29.
11. 창세기 1:28; 시편 8:6.
12. 마태복음 26:41; 마가복음 14: 38; 누가복음 22: 46.
13. 누가복음 18:1-8.
14. 누가복음 11:1-13.
15. 누가복음 18:1-8.

II. 다섯 가지의 기본적 경영과정

03_ 계획기능과 경영목표

1. Ross P. Allan(1991), Proverbs, 1036.
2. Howard A. Snyder(2002), *The Complete Book of Everyday Christianity*, pp. 645-650.
3. 리차드 츄닝, 존 에비, 셜리 로엘즈(1995), 『신앙의 눈으로 본 경영』, 안동규, 한정화 옮김, 15-16.

04_ 조직기능과 성경적 조직원리

1. 민수기 2:3-9.
2. 민수기 2:10-16.
3. 민수기 2:17.
4. 민수기 2:18-24.
5. 민수기 2:25-31.

05_ 충원기능과 성경적 충원원리

1. 황규대(2008), 전략적 인적자원관리, 박영사, 146.
2. 출애굽기 18:21.
3. 황대규(2008), 전게서, 347.
4. 전게서, 368-376.
5. 목표관리란 상사와 부하가 합의하여 목표와 작업일정을 설정한 후 목표달성 여부의 근거로 평가하는 제도를 의미한다.
6. 전게서, 300-341.
7. 전게서, 437.
8. 창세기 1:26-27.
9. Chewning, Eby, and Roels(1990), p. 77.

06_ 지휘기능과 성경적 리더십

1. 어윤소 외(2007), 『기업과 경영』, 형설출판사, 221.
2. 사도행전 9:10-16; 10:1-8; 16:6-10 등에서 비전을 환상으로 번역하고 있는 것을 알 수 있다.
3. Chewning, Eby, and Roels(1990), *Business Through the Eyes of Faith*, Harper & Row Publishers, San Francisco, pp. 133-137.
4. Carson(1984), *The Expositor's Bible Commentary*, Zondervan Publishing House, Grand Rapids, Michigan, p. 134.

07_ 통제기능과 성경적 통제원리

1. 어윤소 외(2007), 전게서, 261-274.
2. PPBS는 미국의 케네디 행정부에서 최초로 사용하였는데 비용이 많이 드는 프로그램의 중복을 찾아내어 그것을 제거시키려는 기법이다. 전게서, 299.
3. 예산수립과정에서 경영자들은 당해 연도의 현행 예산을 기준으로 하여 차기의 예산연도에 발생할 변화에 맞추어 각 예산항목을 조정하는 예산기법이다. 전게서, 299.
4. 정충영(2000), 『경영이해』, 박영사, 345-349.
5. 박정식, 신동령(2002), 『경영분석』, 다산출판사, 145.

III. 세 가지의 지속적 경영기능

08_ 의사결정과 성경적 의사결정원리

1. Walter Wright, "Mangement," in Robert Banks & Paul Stevens(1997), *The Complete Book of Everyday Christianity*, InterVarsity Press, Downer Grove, Illinois, p. 600.
2. 정충영(2000), 『경영이해』, 박영사, 68-72.

09_ 의사소통과 성경적 의사소통원리

1. 어윤소 외(2007), 전게서, 246.
2. 서인덕, 김윤상(2000), 『현대경영의 이해』, 영남대학교 출판부, 336.
3. 정충영(2000), 전게서, 302.
4. 전게서, 297-302.

10_ 하나님과의 의사소통수단

1. Wright, Walter, Mangement, 전게서, pp. 602-603.
2. 네 부분은 107:4-9; 10-16; 17-22; 23-32이다.
3. 박정윤(2004), "이중적 경영모형: 하나님의 경영과 사람의 경영," 로고스경영연구, 1-13.
4. 누가복음 11:1-11.
5. 박성수 외 (2004), 『나는 정직한 자의 형통을 믿는다』, 규장.
6. 전게서, 18-19.
7. 전게서, 27-28.
8. 전게서, 29-33.
9. 전게서, 81-83.
10. 전게서, 85-87.
11. 전게서, 97-98.
12. 스탠리 탬(2004), 『스탠리 탬의 놀라운 모험』, 세복, 124-127.
13. 전게서, 131-133.
14. 전게서, 144-151.

IV. 3대 기업재무경영

11_ 투자경영과 성경적 투자원리

1. 이의경(2006), 『재무관리』, 경문사, 40-42.
2. 박원규, 박상수(2006), 『로스의 재무관리』, (주) 한국 맥그로힐, 302.
3. 스티븐 스캇(2006), 『솔로몬 부자학 31장』, 오윤성 옮김, 지식노마드, 11-12.

12_ 자본조달경영과 성경적 자본조달원리

1. 박정식, 박종원, 조재호(2005), 『현대재무관리』, 다산출판사, 441.
2. 박원규, 박상수(2006), 전게서, 597.
3. 박원규, 박상수(2006), 전게서, 597.
4. 중앙일보, 2009년 1월 29일자.
5. 조선일보, 2008년 11월 10일자.
6. 한국일보, 2008년 12월 5일자.

13_ 배당경영과 사회적 책임

1. 장영광(2006), 현대재무관리, 신영사, 435-439.

참고문헌

로버트 테머시(1999), 『완전한 성공』 1, 대구 기독경영연구회 옮김.

로버트 테머시(2000), 『완전한 성공』 2, 대구 기독경영연구회 옮김.

리챠드 츄닝, 존 에비, 셜리 로엘즈(1995), 『신앙의 눈으로 본 경영』, 안동규, 한정화 옮김.

박성수외(2004), 『나는 정직한 자의 형통을 믿는다』, 규장.

박원규, 박상수(2006), 『로스의 재무관리』, (주) 한국 맥그로힐.

박정식, 신동령(2002), 『경영분석』, 다산출판사.

박정식, 박종원, 조재호(2005), 『현대재무관리』, 다산출판사.

박정윤, "성경적 차입 및 대출원리", 통합연구, 통합연구학회, 1996년, 167-180.

박정윤(1998), 『빚진 자로 살 것인가 빌려주는 자로 살 것인가』, 삼영사.

박정윤, "기독인 경영기업과 일반기업의 자본구조전략 차이에 관한 실증적 분석," 재무관리논총 제 4권 1호, 한국재무관리학회, 1998, 79-92.

박정윤, "재무정책과 기업부실예측," 재무관리논총 제 6권 제 1호, 한국재무관리학회, 2000, 93-116.

박정윤, "창조에 나타난 경영사상," 기독경영연구 창간호, 2002, 65-74.

박정윤, "이중적 경영모형: 하나님의 경영과 사람의 경영," 로고스경영연구, 2004, 1-13.

박정윤, 창조에 나타난 경영사상, 기독경영연구 창간호, 2002년 12월.

배종석외(2006), 『기업이란 무엇인가』, 예영.

브루스 핸더슨, 조지아 가이스(2008), 『서브프라임 크라이시스』, 랜덤하우스.

서인덕, 김윤상(2000), 『현대경영의 이해』, 영남대학교 출판부.

스탠리 탬(2004), 『스탠리 탬의 놀라운 모험』, 세복.

스티븐 스캇(2006), 『솔로몬 부자학 31장』, 오윤성 옮김, 지식노마드.

어윤소 외(2007), 『기업과 경영』, 형설출판사.

이의경(2006), 『재무관리』, 경문사.

장영광(2006), 현대재무관리, 신영사.
잭푸넨(1987), 『하나님의 뜻을 아는 방법』, 양문출판사, 임종원 역.
정충영(2000), 『경영이해』, 박영사.
황규대(2008), 『전략적 인적자원관리』, 박영사.
Banks, Robert and Paul Stevens(1997), *The Complete Book of Everyday Christianity*, InterVarsity Press, Downer Grove, Illinois.
Blackaby, Henry T. and King, Claude V.(1993), *Experiencing God*, 문정민과 교회출판부 역, 요단출판사 역.
Brown, Alvin(1947), *Organization of Industry*, New York, Prentice Hall, Inc..
Carson(1984), *The Expositor's Bible Commentary*, Zondervan Publishing House, Grand Rapids, Michigan.
Chewning(1990), Eby, and Roels, *Business Through the Eyes of Faith*, Harper & Row Publishers, San Francisco.
Park, Jeong Yun, "Differences in Capital Structure: Strategies in Christian-managed Firms and and Secular Firms," *Journal of Integrative Studies*, 2002, 145-173.